爱满天下，乐育英才。

——陶行知

QIRONG XINYU

YIWEI XIAOXUE XIAOZHANG DE JIAOYU SIKAO

琪蓉心语

一位小学校长的教育思考

曹琪蓉 ◎ 著

湖南大学出版社
·长沙·

图书在版编目（CIP）数据

琪蓉心语：一位小学校长的教育思考/曹琪蓉著.

长沙：湖南大学出版社，2024.10.——ISBN 978-7-5667-3844-8

1.G627.1-53

中国国家版本馆CIP数据核字第202418RK82号

琪蓉心语：一位小学校长的教育思考

QIRONG XINYU：YIWEI XIAOXUE XIAOZHANG DE JIAOYU SIKAO

著　　者：曹琪蓉	
责任编辑：刘雨晴	
印　　刷：湖南锦泰数字印刷有限公司	
开　　本：710 mm×1000 mm 1/16	印　张：15　字　数：181千字
版　　次：2024年10月第1版	印　次：2024年10月第1次印刷
书　　号：ISBN 978-7-5667-3844-8	
定　　价：89.00元	

出 版 人：李文邦
出版发行：湖南大学出版社
社　　址：湖南·长沙·岳麓山　　　　邮　编：410082
电　　话：0731-88822559（营销部），88649149（编辑部），88821006（出版部）
传　　真：0731-88822264（总编室）
网　　址：http://press.hnu.edu.cn

孩子们
健康快乐成长
是我最大的心愿。

奉 献 求 真 创 新

□ 王 巍

教育是事业，事业需要奉献；教育是科学，科学需要求真；教育是艺术，艺术需要创新。欣闻曹琪蓉校长的新书《琪蓉心语：一位小学校长的教育思考》即将出版，仔细阅读后，深感一位从教34年，长期坚守教育战线并硕果累累的老师、校长，用属于她自己的形式，展现了一种别样的奉献、求真和创新。

师者奉献，以德为先。习近平总书记强调："老师应该有言为士则、行为世范的自觉。"自1897年盛宣怀创办南洋公学并设师范院开启我国近代师范教育的序幕以来，中国的师范教育始终以"学高为师、行为世范"为标尺，培养了一代又一代世人可以师法的模范。"师范精神"业已成为每一位老师的价值追求和行为自觉。通过这本书可以清晰感受到作者作为老师和校长对甘于奉献的践行。正如书中所说："大先生"之大、好校长之好，关键在于学问之深、品德之高。《琪蓉心语》涵盖了教育教学和学校管理等方面的思考，包括了幼小衔接到小学六年级的全过程，虽是点滴，却汇成河。在当下中小学校，无论当老师还是做校长，工作时间其实都是很忙碌的，这份关于小学教育的思考，没有甘于奉献、乐于奉献精神的长期支撑，很难形成体系和文字表达。同时，通过本书还能感受到作者不仅自己当好示范，而且十分善于引导青年教师自觉将"以德立身、以德立学、以德施教、以德育德"内化于心、升华为行，以教育家精神涵育未来教师，努力搭建师德高尚的教师队伍。"一片冰心在玉壶，一尘不染自清高"，只有保持内心的纯洁，才能拥有高尚的品德和独立的人格，才能真正活出自己的价值。从这一点来讲，作者的师范品德令人见贤思齐。

科学施教，需遵其规。教育者的视野里不能只有知识与技能，比知识与技能更加重要的是人性的完善与品格的养成。实践证明：与时俱进的现代教育需要强调以育人为先，着力面向学生个体发展与品德修养，注重在学生学习能力的培养与行为习惯的养成方面多下硬功夫。书中有多篇文章是关于如何培育学生行为习惯的，令人印象深刻。比如《心理健康才能意志坚强》一文，着眼小学阶段是学生情商、智商逐渐提高的重要阶段，也是学生形成人生观、世界观的起步阶段，提出了"加强心理健康教育、重视家庭成长环境、创新学生评价体系、减少负面信息影响"等四方面建议，很有指导意义。再比如《让孩子们懂得并珍惜生命价值》一文，从学校、家长、社会三个维度强调生命教育是培养孩子良好品质和价值观的重要途径，表达了无论是哪种教育都要建立在生命教育之上的观点，对于如何强化生命教育很有启发。在《让国旗高高飘扬在心里》一文里，作者写道，"拳拳赤子心不可无，浓浓爱国情不可少，耿耿报国志不可弱"，并结合学校长期坚持的升国旗活动，表达了一种强烈的使命感：我们要让国旗高高飘扬在校园，高高飘扬在孩子们心里，努力在立志报国中学会尽责，在博学笃行中历练成长，以青春之为汇聚时代光芒。纵观《琪蓉心语》全书，尽管每一篇都不是鸿篇高论，但每每读来，却总是可以给人以收获并引人反思。在资讯传播手段如此发达、信息库容如此巨大的今天，安静地读一读"心语"，对教育者来说是一个不错的选择。

以生为本，创新进取。教海无涯，学术无边，研究为桥，连接未来。《琪蓉心语》可以看作是一本随笔式教育创新科研成果汇集，内容涉及语文、数学、英语、体育、科学、音乐、美术、劳动等科目，包括家长会、公开课、运动会以及学科竞赛、校外研学、校园文化、对外交流、食堂安全等多方面，记录了作者来自实际工作的专业思考。通过阅读，可以感到其核心要义只有一个：所做的一切都是为了学生。《让诗词之美惊艳岁月》《数学是一种现代科技语言》《劳动的样子最美丽》《校友讲座满满青春能量》《校园文化润泽无声》《科学征服世界　艺术美化世界》《班主任要强化三种能力》等文章，都充分展现了作者以及所在学校在课堂教学、课外活动等方面为学生创新形式、创新内容所作的不懈努力，"音乐里的思政课"等不少模式还属首创。迈进新时代，科研与教学相辅相成，开展科研可以促进教师专业发展，提高学术水平和研究能力，更好地理解和掌握教育理论和实践。同时，具有科研经验的教师能将最新学术研究成果融入教学、激发学生兴趣、进一步提高教育教学效果。汇细流成江海，积跬步至千里。"心语"之为，值得肯定。

习近平总书记在同北京师范大学师生代表座谈时指出："一个人遇到好老师是人生的幸运，一个学校拥有好老师是学校的光荣，一个民族源源不断涌现出一批又一批好老师则是民族的希望。"期待更多好老师和好校长结合实际需要，不断加强教育科研，提升教育教学和管理水平，为促进福田区新时代教育工作高质量发展，为深圳建成国内领先、世界一流的现代化教育强市，贡献更多新的智慧和力量。

是为序。

（作者系广东省深圳市福田区委教育工委书记，区教育局党组书记、局长。）

目 录
Contents

第二辑　教学教研

第三辑　学校管理

第四辑 交流合作

第五辑　校园文化

思政教育

师范之光照亮前行路

时光荏苒，光阴如梭。时间悄无声息地流走着。

回望青春岁月，不由得常常问自己：时间去哪儿了？

自1990年参加工作，从教34年来，在领导和同事们的关心支持下，我始终坚持爱岗敬业、创新作为、不辞辛劳、无怨无悔，在教育教学领域奋力前行。每一个清晨，无论朝阳璀璨，还是狂风暴雨，我都会朝着校园奔赴。我知道，只有三尺讲坛，才是我立足立身立言的宝地。我发自内心深深地爱着校园里的一切。

我担任校长的荔园外国语小学（香蜜湖），在集团的带领下先后获评广东省基础教育校本教研基地、广东省中小学教师校本研修示范学校及未来学校创新联盟实验学校、2019年获北外国际外语特色课程"2019年度探索钻研奖"、2022年深圳市教育工作先进单位、2023年中华诗教深圳示范区试点学校、2023年第九届深圳教育改革创新大奖——教育高质量发展示范项目年度奖、2024年深圳市先进基层党组织。我曾担任法人的荔园外国语小学东校区附属幼儿园获得了深圳市福田区先进工作单位、深圳市健康促进幼儿园银奖、深圳市"家门口的优质幼儿园"培育单位等奖项。

成绩属于过去，荣誉离不开领导关怀、同事支持。通过认真思考和总结，不由得深刻感受到，要想做一个令人尊敬的好老师、做一个履职合格的学校管理者，离不开以下几个方面的锤炼。

从教30年纪念

要坚定理想信念，讲政治、守师德

着力提升修养。借助学习强国等平台载体，积极参加省市区相关培训讲座，加强理论学习，提升个人修养，增进对中国特色社会主义的政治认同、思想认同、理论认同、情感认同，夯实坚定的政治立场、正向的价值观念、高尚的道德理念。本人坚持开展国旗下讲话，创新校长思政课，对学生开展爱国主义教育，广泛激发学生爱党、爱国、爱家乡的美好情感，促进思想道德教育成为校园活动的永恒主题。

严格遵纪守规。认真贯彻党的教育方针，模范遵守国家法律法规、教师职业道德和教育局规章制度。多年来，我校没有一起违规违纪违法言行。本人长期坚持知行合一原则，做到以教师身份为荣，以教书育人为己任，堂堂正正做人、坦坦荡荡做事、兢兢业业从教。

坚持以身作则。在行为规范上，要求其他老师和学生做到的，自己率先做到。在业务能力上，努力将最好的方法和成果奉献给学生。在担任校级领导后，本人严格按制度处理学校重大事项，不谋丝毫私利，在行动上为教师示范，在业务上给教师引领，在生活上给教师关怀。任荔园外国语小学（香蜜湖）校长后，为了改善办学条件，对学校旧的操场、跑道、功能室、课桌椅等场所和设施进行提质升级，千方百计寻求支持，筹措资金，设计方案，督查施工。经过一年多努力，"共建花园"式学校改造项目顺利完成，温馨美好的校园为全校师生创造了更加优良的学习环境。

要增强专业素养，抓教研、结硕果

加强教研。本人先后担任深圳市小学音乐学科中心组副组长、福田区社会主义公民素养教育课题组负责人、福田区第五届和第六届兼职督学等职务，参与编写九年义务教育六年制小学试用课本《音乐》第五册教学参考书第5课《对鲜花》、义务教育课程标准实验教科书《音乐》二年级第3课《奇妙的天空》和第4课《国旗飘飘》，创建"社会主义公民素养教育课题组"和"中小学素养奠基课程课题组"，组织编写1~5/7~8年级教材、教参，组织编写《实践的思考 理性的升华》优秀案例汇编，参与出版《走进音乐世界：成功教学课例及论文精选》（花城出版社）、《音乐教育越洋对话》（湖南师范大学出版社）等专著。在《中国音乐教育》《音乐天地》分别刊发《美国中小学音乐教学一瞥》《〈小列兵〉教学案例》等论文。

躬身践行。着力"研教学"三位一体，将教研带来的全面思考和深度研究成果用于教学实践。曾辅导学生获得全国中小学生文艺汇演银奖和深圳市第五届少儿艺术会演金奖，全国青少年艺术展演金紫荆金奖和深圳市一等奖，深圳市福田区少先队鼓号队达标竞赛金奖等奖项。指导年轻教师获奖近100人次，素养奠基实验课程教师课例论文获奖300人次。

优化课堂。创新开设并积极融入"推门课""教研课""比赛课"等课程，加大对课堂教学问题的诊断力度，做到一问题一教案。集体申报的"基于校本研修模式下自然生长课程的探索与实践"市级课题、本人主持的广东省重点子课题"深圳市中小学音乐教育评价体系的实践与理论研究"和"促进小学生德育知行合一的实践研究""福田区社会主义公民素养教育课程实验研究"等课题均已通过审核结题，得到专家评委一致认可。

◐ 作者和学校行政班子在一起

要优化学校管理，健机制、强队伍

爱校如家。本人把教师这个职业当作安身立命之所系，多年来坚持幼儿园、小学轮流值岗，发现问题及时处理，巡视校园每个角落已成为工作习惯。在管理岗位上，本人努力做到四点：坚持人文立校，责任兴校，科研强校，特色亮校。

健全队伍。学校发展，关键在师。本人充分发挥个人模范带头作用，致力建设"师德高尚、团结奋进、敬业奉献"的教师队伍。多次下乡送教到广西、湖南、陕西等地的山区小学，并接待全国各地教职工到学校跟岗参访30余次。积极带领学校行政班子团结协作，困难面前不退缩，任务来了冲在前。依托集团"七彩树"教师成长共同体，推行一帮一结对子，从备课、上课、听课进行全方位指导，促进青年教师快速适应教学工作岗位要求。扎实开展校区教研活动，以教师专业成长为目标，以课堂教学为依托，实行科组长负责制，把教师教学中的疑难问题作为教研课题来攻克解决，使整体教学质量得到巩固。

守住底线。学校安全无小事，一失则全无。本人牵头建立健全学校安全教育和安全工作管理制度，完善突发事件应急预案，落实具体应急措施，定期开展多种演练。近年来，学校较好地完成了上级部门布置的各项任务，保证了校园学生安全。同时，积极关注学生心理，聘请专业心理咨询师，开展多场心理健康讲座等活动，促进全校学生始终保持健康心理。

推行**公民素养教育**课程
创新学校德育模式

公民素养教育决定着一个地区的实力和未来。近年来，深圳市福田区积极贯彻落实国家教育改革和发展规划纲要，将培养合格公民作为现代教育核心追求，着力推行社会主义公民素养教育课程，促进广大中小学生不断提升公民素养，探索形成新时期学校德育工作新模式。

一、凝聚合力，强化公民素养教育课程保障

健全德育工作机制。结合特区发展实际需要，参与制定《福田区中小学德育创新行动计划》，从搭建平台、整合资源、建设队伍等方面出台具体办法指导德育工作。成立公民素养教育课程工作领导小组，制定课程绩效考核办法，整合校内外资源，形成区教育局总揽把关、区教科院指导引领、各实验校具体实施的联动格局。联合北京新学校教育科技研究院，签订开展公民素养教育课程服务购买合同，从经费保障、进度设计、培训指导、目标确定、成果验收等方面进行明晰，确保课程推进有规可依。

夯实课程智力支撑。组织区内外专家深度合作，密切关注和把控课程实施方向和关键环节。制定课程研发原则，坚持公民素养教

作者走访深圳高级中学，与集团党委书记邵爱国
及作者所在学校部分毕业生合影

育和品行教育相结合，不断强化学生情感体验、道德体验和价值体验。加强课程研究，以课题计划为目标，及时进行总结修正，保证课程教学科学规范。

优化课程评价体系。坚持过程性评价与结果性评价相结合，推出定期选评优秀教师、优秀案例、优秀班级成果等老师评价办法和辩论会、舞台剧、听证会等学生评价方式，吸引更多学生和教师参与素养教育课程。目前实验学校由最初的43所发展到49所，实验班级数由138个发展到162个，参与学生由6900人发展到12000人，参与教师由150名发展到300多名。

二、教学相长，提升公民素养教育课程内涵

以生为本研发教材内容。注重从学生的现实生活入手，渗透国

家意识、法律意识、公民意识、责任意识、社会公德意识、环保意识和健康心理等教育。综合考量少儿立场、公民底蕴、中国味道等方面内涵，研发出关爱、养成、责任、理性等社会主义公民素养教育特色教材及配套教师用书，涵盖小学三年级至初中二年级。

以师为本优化队伍建设。组织安排150名实验教师参与课程教学，科学制定考评办法，保障课程教师教学积极性。聘用外籍专家与中方专家常驻深圳，每星期走进课堂指导教学。安排140余名优秀教师和管理人员前往青岛、成都、台湾等地参访学习，引进小组合作、角色扮演等新型教学方法，建立分学段、分层次、分梯度的教师系统培训模式，促进教师改进教学方式，提升教学水平。

以德为本搭建实践平台。破解德育体系缺乏、内容乏味、方法单一、途径封闭等难题，开展丰富多彩的系列主题教育活动，注重将公民素养知识转化为公民素养的实际行动，做到"有计划、有阵地、有主题、有过程、有评价"。德育教师共指导学生开展120个课题研究，举行听证会110次、辩论会10场、舞台剧13场，制作文件夹140个、展板200张。

三、知行合一，确保公民素养教育课程实效

理解素养，内化于心。注重提倡行动研究、培养理性思考、引导责任担当，形成体验式教学显著特点。将政治、法律、道德和文化方面的素养、知识、规范、行为习惯等融入学生学习的每一个环节。促进学生形成对学校的归属感，成为课程的主体，懂得怎样进行课题研究，如何做出判断与选择，如何采取合适行为并为自己的行为负责。

学生给校长送来班级合影作纪念

彰显素养，外化于行。通过公民素养教育课程，学生们参与交通秩序、垃圾分类、社区管理、环境保护、城市建设、文化传承等30多个社会问题的调研，并提出解决方案。景秀小学门前交通问题、荔园小学垃圾分类问题等课题研究产生的成果得到相关政府部门重视并被采纳。

保持素养，固化于脑。方法上，课程引入自然科学和社会科学相结合的研究方法，形成系统的公民素养课程教学方法。组织上，在已有研发团队基础上，形成一线优秀教师教研组、名师工作室。评价上，适应中学生身心发展特点，小学中学相互衔接，符合社会主义公民素养课程学科特点的评价体系正逐步完善，已具备独立学科课程基本要素。随着教育课程持续开展，将更加有益于社会主义公民素养在中小学生中间长期扎根、常态保持。

只待花开再逢时

每到周末，用一小会儿时间，来盘点、记录、分享，感觉很值。

少先队是孩子们参加的第一个组织，加入少先队是人生中的一件大事。最近，荔园外国语小学（香蜜湖）的中国少年先锋队又增添了122名新队员。学校为孩子们举行了隆重的入队仪式。看着孩

● 作者为学校大队委颁发证书

子们胸前鲜艳的红领巾，看着孩子们稚嫩的脸庞上显现出来的那份庄严与认真，我为他们的可爱感到特别幸福和自豪。我代表学校所有的辅导员老师和老队员向各位新队员表示了热烈祝贺。这份祝贺是发自内心的，是情不自禁的。

孩子们是祖国伟大事业的建设者和接班人。十几年、二十几年之后，他们都将成为国家的栋梁、未来的主人。祖国的未来靠他们，民族的兴旺靠他们。

所以，请允许我把期望告诉给孩子们：

要甘于奉献，乐于助人。少先队的作风是诚实、勇敢、活泼、团结。同学有困难、班级有事情需要帮助，就要积极主动地献出力量和智慧，努力做到多为他人着想，多为集体着想，多为鲜艳的红领巾争光。六年级彭同学说："我当时入队时，是高年级的同学给我戴的红领巾，当时我很仰慕哥哥姐姐们，现在我也成为低年级同学的姐姐了，挺自豪的。"我相信，这份自豪感将时时鞭策她自律自强，甘于奉献、自律自强的孩子，一定处处受欢迎。

要积极带头，遵纪守规。少先队的目的是培养队员"爱祖国、爱人民、爱劳动、爱科学、爱护公共财物"的"五爱"精神。六年级唐同学说："今天看到二年级的弟弟妹妹们戴上红领巾了，希望她们能配得上这份光荣。"小小年纪，这句话很霸气。作为共产主义接班人就是要主动参与学校和班级活动，严格遵守校规校纪和少先队队规，积极参加各种有意义的活动，在实践中培养能力，增长才干。我相信，讲纪律守规矩的孩子，一定能够认真对待每一件事情。

要好好学习，珍惜时光。少先队是少年儿童自己的组织，要自己管理教育自己。二年级蔡同学是这次加入少先队的新队员，他说："今天我的心情很激动，本来以为我这次戴不上红领巾的，但是我终于戴上了，好开心，以后我一定要好好学习，天天向上。"少先队员代表一种荣誉，我相信，孩子们一定会倍加珍惜这份荣誉，并将这份荣誉化作奋力前行的不懈动力。

千言万语道不尽，只待花开再逢时。少先队珍藏着美好的童年记忆，少先队承载着绚烂的初心梦想。让我们共同祝福各位同学、少先队员们：绽放如花，扬帆起航！

做**幸福老师** 要用心去做

在一场教师培训活动中，深圳市教育科学研究院白晶老师以"教师的幸福成长"为主题，分享了"什么是幸福老师、幸福教育""幸福成长的起点、路径、秘诀是什么"。

总结起来，我感受最深的是：认真做事只会做对，用心做事才能做好。做幸福老师要用心去做，需要自己持续成长，需要自己通过努力获得孩子的敬重、家长的认可、社会的肯定。

做幸福老师是一个漫长过程，几乎覆盖了整个职业生涯。在这个过程中，老师的抉择和行为，都是基于一个核心条件：师德。有什么样的师德就会有什么样的抉择、言行和结果。

俗话说，做事先做人。学高为师，德高为范。从古至今，中国文化都讲究做德才兼备之人，"德"永远在"才"之前。我们的师德是什么？国家《中小学教师职业道德规范》已经规定：爱国守法、爱岗敬业、关爱学生、教书育人、为人师表、终身学习。这六点就是师德的核心内容。

重温"六德"，感慨万千。如何才能做到呢？

坚定职业自豪感，知足常乐。教师做的是传播文明、启迪智慧、塑造灵魂、弘扬精神的事情，其他职业不可替代。在深圳，做一名老师非常荣光，许多人梦寐以求。我从教多年，至今依然感觉

在学校门口学生送作者一朵小花

很有乐趣。只要在学校，无论什么天气，每天早上我都坚持在校门口迎接师生。昨天早上，在校门口，一个小女孩走过来送我一朵小花，并说："校长，送你一朵小红花，我在路边捡到的，好漂亮。"小姑娘把她认为最漂亮的小红花送给我，我觉得就是一份信任、一份亲情，让我特别满足和快乐。知足常乐在，发自内心的自觉的爱岗敬业就在。

保持平常好心态，宠辱不惊。教师无小节，处处是楷模。苏霍姆林斯基说："一个精神丰富、道德高尚的教师才能尊重、陶冶学生的个性。"在小学阶段，孩子们的思维、品性都还在学习模仿之中，在他们看来，老师就是道德的化身、人类的楷模、父母的替身，他们都把道德高尚的老师作为学习榜样，学习其气质、言行和情趣。我期望荔园外国语小学（香蜜湖）的老师们拥有三个气质。一是有正气，正气是人之灵魂底色，有正气的老师会使学生肃然起敬，有正气的老师坦荡自如，能够走出对蝇头微利、私心杂念的计较；二是有大气，教师的眼界、胸襟和气度，决定其职业生涯能达到的高度，教书育人、为人师表的师德担负着国家的大义、民族的希望和学生的未来，唯师之大气者方可担此大任；三是有锐气，小学教育是一项非常艰辛的事业，具备一往无前的锐气，才能翻山越岭，踏平坎坷，特别是在一些有形和无形的困难面前，无私无畏的满腔锐气将护佑我们经风雨、见彩虹。

持续提升竞争力，自省自强。有人说教师是铁饭碗，但白晶老师说得好，真正的铁饭碗不是在一个地方吃一辈子饭，而是一辈子走到哪儿都有饭吃。随着社会快速发展，科技突飞猛进，传统意义的传道授业解惑已经发生巨变，传道者已成学习引路人，授业者已成实践参与人，解惑者已成思索启发人。这就要求老师不断提升可持续发展能力。我期待和老师们一起做好三件事：一是为人师表，做到以身作则言行一致，要求学生做的首先自己做到，不希望学生做的自己坚决不做；二是术业专攻，在自己的学科领域常思考不足、常总结经验、常创新方法，努力成为专家型老师；三是富有才艺，在教书育人最基本能力上修炼一两项其他"手艺"，增加自身魅力，激发学生兴趣，让教学锦上添花，让育人硕果累累。

风雨过后**见彩虹**

不经风雨哪见彩虹。经过前一段时间，肆虐的台风与连日的暴雨之后，特殊而短暂的一个学期就要结束了，阳光灿烂、风光明媚的暑假，正在向我们走来。

还记得学期之初，因为一些特殊原因，我们只能在线上开展教学互动。终于迎来开学消息之后，老师们紧张筹备，孩子们迅速调整状态，大家重返校园生活。虽然一波三折，但在每一位师生的努力下，我们终于顺利、平安地结束了这个学期的教育教学工作。

这个学期，我深刻感受到了，全校教职员工众志成城，成功不必有我，建功一定有我，全力迎接困难挑战，精心教学管理的昂扬斗志。

这个学期，我深刻感受到了，全校学生共克时艰，不怕困难，不惧吃苦，全面服从集团和学校统一管理和安排，团结紧张严肃活泼的精神风貌。

这个学期，我深刻感受到了，全体学生家长同心协力，积极搭建学校和社会和谐顺畅的沟通桥梁，为学校发展出谋划策、无私奉献的高尚境界。

同学们，走进暑假，你们将从家庭走向社会，从校园走向自然，这是你们自主发展个人爱好和兴趣，增长见识，增加历练的最

福田区检察院副检察长曾艳应邀受聘担任荔园外国语小学（香蜜湖）法制副校长并为学校赠送法律书籍

佳时机。

我希望同学们，在假期里要勤于到户外锻炼。充分利用这段假期，调整身体与心理，以良好状态投入到更加丰富多彩的学习生活中去。同时，要时刻记住，无论参加什么活动、无论去哪里，都要把安全放在首位，注意饮食、交通、游泳、用电等安全，学会保护自己。

我期待同学们，合理安排时间、制定科学时间表，认真、高效地完成老师布置的假期作业。学生的主业就是学习，要自觉做到学习和度假两不误，为下学期做好准备、积蓄力量。

我鼓励同学们，积极参与学校少先队大队部安排的暑假实践活动，增长见闻、锻炼品格、学会担当。无论是在学校，还是走出校园，你们代表的都是荔园外国语小学（香蜜湖）的形象。相信你们会度过一个美好而充实的假期！待到新学期，看到你们身体更壮实、笑容更灿烂！

拥有感恩之心 最受命运眷顾

　　早上，走过教学楼学生创意作品展示栏的时候，特意浏览了一下学生围绕感恩话题一丝不苟写下的一句句心里话和亲手精心制作的一张张美丽卡片，因此倍感温暖和幸福。孩子们是在用自己认为最正式的一种方式，真切表达着他们对父母、对老师、对同学以及对国家社会和这个时代的感恩之情。

　　有学生写道："您问我出生前在做什么/我说我在天上找妈妈/看见您觉得您特别好/想做您的女儿/又觉得自己可能没那个运气/没想到第二天一早/我已经在您怀里。"读到这里我真为有这样一个孩子的妈妈感到自豪。小小孩子就用上了无标点分行写作，颇有一份先锋派作家的风采。

　　有学生写道："感恩老师给我前进的动力，感恩老师给我飞翔的翅膀，感恩老师给我指明前进的方向，感恩老师给我观察世界的慧眼。"读到这里，我不禁记起"春播桃李三千圃，秋来硕果满神州"的诗句，眼前立刻浮现出一个"腹有诗书气自华"的孩子，懂事聪明，惹人喜爱。

　　有学生写道："谢谢你，爸爸，感谢你一路支持与肯定。人们说父爱如日，我看见你便觉得温暖安全。人们说父爱如山，我望见你便觉得宽厚沉稳。人们说父爱如茶，我品着你便觉得馥香沁人。"

读到这里，字里行间的那份亲情与担当，让人油然而生敬意。对父亲的这份感恩之情，已经在儿子心底牢牢地扎稳了根基，相信今后这孩子长大了一定会是一个好家长。

展示栏里还有很多孩子的感恩心里话，情真意切，不胜枚举。滴水之恩当涌泉相报，鸦有反哺之义，羊知跪乳之恩。在中国传统文化里面，知恩图报是非常重要的信义，涉及一个人的品性德行。据心理学家研究发现，在小学阶段培养孩子们知晓并拥有感恩之心至少对其未来有三个好处：拥有感恩之心的人，更加充满人生自信，人际关系更好且和朋友相处更加融洽，幸福感和生活满意度更高。所以，今后我们还要继续广泛开展形式多样、内容多彩的感恩活动，让孩子们在幼小的心灵里，种下一颗感恩的种子，开花结果，幸福成长。

当然，老师也是要感恩学生的。要感恩学生和家长的信赖，选择我们做他们人生起步的老师。这份信赖重若千钧。为了不负这份信赖，老师们至少要做好以下几点：坚定理想信念，做学生思想上的领航良师；保持高尚情操，做学生成长路上的人生楷模；富有仁爱真心，做学生生活中的知心朋友。

感恩不在一时而在一世，感恩不在一事而在一生。

拥有感恩之心，就会成为最受命运眷顾的人。

愿我们都有一颗感恩的心。

劳动的样子**最美丽**

教育家苏霍姆林斯基说，劳动是具有神奇力量的民间教育学，为我们开辟了教育智慧的新源泉。

劳动课是小学学科科目的重要组成部分。2022年《义务教育劳动课程标准》对劳动课程做了详细安排，要求从一年级到九年级分4个学段完成不同的课程目标。

在小学阶段，劳动课对学生全面发展具有独特作用，主要体现在三个方面：一是促进学生智力发展，通过劳动课增长知识、培育爱好，具备基本生活自理能力，并掌握简单劳动知识和技能；二是促进学生人格养成，提高对劳动意义的认识，敬重每一种劳动和每一个劳动者，使学生的心智人格更加成熟健全；三是促进学生价值观培养，培养劳动观点，养成劳动习惯，自觉抵制好逸恶劳、不劳而获。

劳动课程在发达国家的教育理念和实践中，占据非常重要的地位。记得20世纪90年代初期在日本学习期间，我对日本学校从幼儿园时期就开始开设劳动课程的印象非常深刻。他们的劳动课程叫作家政课，包括如何购买食材、切菜烹饪、垃圾分类、缝补衣服、整理家务、栽培蔬菜等方面，而且很多小学建有饲养场，学生不仅掌握了劳动技能，还培育了爱护生命等健康价值观。现如今，在英国，11~14岁学生每周有1小时的烹饪课程；在德国，12岁左右孩子每周会承担1~2天的做饭任务，美国、法国、瑞典、新西兰、奥地利、俄罗斯等国也从低年级就开设了校园种植课程。

福田区荔园外国语小学（香蜜湖）非常重视劳动课程，科学设置了具体科目，以保证学生分阶段各有所获。一年级要能会刷牙、叠被子、系鞋带、清书包，二年级要能洗衣服、制凉菜、包饺子，三年级要能缝纽扣、待客人、种花草、制铭牌，四年级要能拼果盘、配膳食、做环保，五年级要能做蛋糕、会买菜、织围巾，六年级要能做月饼、烧牛肉、会茶艺、做衣架、懂焊接等。可以说，根据学生认知和接受能力的大小，荔园外国语小学（香蜜湖）的劳动课程基本实现了全校学生各年龄段全覆盖。以张明姣、肖芮、袁可老师设计的"我知盘中餐"为例，该课程共分为"知""制""想""享"四个版块。"知"侧重于对美食的了解、对对象的调查；"制"侧重劳动实践与改良创新；"想"侧重于劳动实践后的交流反思；"享"则是将自己的劳动作品与他人分享。这一课程能让学生正确认识劳动的价值，了解劳动的不易，感受劳动的快乐，珍惜劳动的成果，学会感恩他人，形成良好的服务意识和社会责任感。

教育是启迪灵魂的工作。劳动课不仅仅只是一门课，更是一项活动、一种意识、一种能力的培养。只有通过有汗水的劳动，心灵才会变得敏感、温柔。期待我们共同努力，按照新课标要求，研发推出更多优秀的劳动课程走进校园和课堂，陪伴孩子们一路快乐成长、健康成长。

心理健康才能意志坚强

　　我校要对全校学生组织开展心理普查工作。在听取专家意见建议的基础上，立足我校实际、结合相关动态，学校制定了详细周全的工作方案，从认知、情绪、思维语言、意志行为、个性特征、生活满意度等方面全面考察学生心理现状，为学生心理健康教育工作提供有效指引，为确保学生健康快乐成长提供重要保障。

　　学校这次心理普查采用的《少儿心理健康量表》通过24个项目观察儿童和青少年的心理健康状况，基本可以较为全面地反映其行为特征。为保证普查全面真实，学校倡导1~3年级学生由家长陪同在家完成填写，4~6年级由科任老师及专业主试人员组织学生在学校计算机机房完成填写。普查完成后学校心理咨询室和信息科组老师及班主任将联合会商，在专家指导下完成测评结果分析与报告，并建立学生个人心理档案，落实"一生一档"。对可能存在心理问题的学生，学校将联合家长共同开展相应的心理辅导工作，进一步加强学生心理健康教育和心理危机预防。

　　小学阶段是学生情商、智商逐渐提高的重要阶段，也是学生形成人生观、世界观的起步阶段。在此阶段，对他们进行心理健康普查和教育，帮助他们摆脱心理上的迷茫，走出心理上的困境，具有非同寻常的现实意义。要做好以下几点：一是加强心理健康教育。

通过课堂教学和沙龙讲座等形式让学生充分了解和掌握心理健康的基本内容，知道什么是健康和不健康的心理，培养自我认知、自我教育、自我发展能力。二是重视家庭成长环境。家长的品德修养、文化水平、教育方法等对学生品德和心理成长有直接影响，家长们要努力创建健康的家庭环境和氛围，为孩子们拥有健康的心理提供保障。三是创新学生评价体系。学校方面要在"双减"背景之下，采取得力措施改革创新评价制度和办法，为学生创造轻松快乐的学习环境，避免学生陷入紧张、焦虑的不平衡精神状态，帮助学生以健康的心理去认识社会。四是减少负面信息影响。教育的终极目的是教给学生将来服务社会、推动社会进步的必要素质和技能，在这其中，正向、过硬的心理素质不可或缺。在小学阶段，非常有必要对学生加强正面引导，多提供正能量的课外读物和视频，减少不良社会风气对小学生的心理影响。

拥有健康心理，对每个人的一生都十分重要。大多数情况下，心理健康的人更容易做到用坚强的意志战胜困难，用乐观的心态面对挫折，从而保证顺境时不断取得成功、逆境中能够勇毅崛起。热忱期待荔园外国语小学（香蜜湖）的每一个学生都身心健康、全面发展，都快乐生活，拥有一颗乐观自信、坚韧不拔、崇德向善的心。

生命没有彩排 每个人都要好好珍惜

  2023年3月27日是第28个全国中小学生安全教育日。为进一步加强中小学生安全教育工作，更好地保障学生安全，市教育局在当天下午组织开展"全国中小学生安全教育日"网上直播活动。我校按照上级要求组织全校师生进行了认真收看，并安排学生代表写出观后感或进行发言交流。看得出大家都有很大收获。

  学校安全工作是教育工作的头等大事，是办好人民满意教育的基础和前提。从1996年起，我国就确定每年3月份最后一周的星期一，为全国中小学生"安全教育日"。设立教育日是为了全面深入地推动中小学生安全教育工作，大力降低各类事故的发生率，切实做好中小学生的安全保护工作，促进他们健康成长。通过观看本次安全教育日直播，除了收获到如何遵守交规、用电用气、防火防盗、游泳戏水、事故逃生、远离危险、应对常见自然灾害等方面常识，学生和老师们还通过直播中精选的案例，再一次经受了思想上的洗礼，加强自我安全保护的意识更强了。大家深刻感受到，安全从来无小事，那些视安全如儿戏、给自己或别人造成的伤害，正如直播中的镜头和视频那样，有的场面令人触目惊心，有的结果令人为之痛惜，有的因一次小小疏忽大意带来一辈子悔恨。

  小学生安全教育的目标是提高孩子们的生命意识，培养小学生面临灾难时的自信心、判断力、自我保护和自救互助的能力。为了帮助孩子们增强这些意识和能力，在进一步提高对安全教育工作思想认识和重视程度基础上，今后工作中我校还将做好三件事情。一是丰富教育内容。将生命安全、交通安全、消防安全、生活安全以及传染病常识、急救技能培训、心理检验辅导、自然灾害和社会安全事件防范等方面教育纳入学校安全教育体系，与学科教育同部署同落实，细化内容，分类施策，一个都不能少。二是创新教育载体。针对小学生认知和接受能力，进一步扩展小学生喜闻乐见的安全教育途径，开设专门安全教育课程，在学科中渗透专题讲座，在校园文化建设中营造安全文化氛围，编写传唱《校园安全歌》，发挥消防队、救援队、安监局等校外教育资源的作用，构建共同参与校园安全教育工作新格局。三是加强安全监控。严格按照《中小学幼儿园安全管理办法》的相关规定，健全学校安全隐患监控和排除制度，完善预报、预防和应急举措，定人定岗定责，定期开展安全应急演习，切实把学校安全工作做细做好。

安全永不忘，平安走天下。没有了生命安全，一切物质财富、梦想追求都会消失得无影无踪。正如一位学生在观后感写道：玩具丢了可以再买，花儿谢了还会再开，生命没了呢？生命没有彩排，大家都要好好珍惜。

愿我们：事事安全牢记入心，人人幸福洒满校园。

少先队是**沃土** 队员是**小树苗**

　　少先队大队委竞选活动，是学校的一项重要工作。秉承"服务+展示""培养+锻炼""榜样+引领"的选拔理念，本着公平公正公开的选拔原则，为学校每一位少先队员提供彰显个性、施展才华、服务他人的平台。我为学生们的积极参与和精彩表现而感到由衷高兴。他们的风采将在香蜜湖畔熠熠生辉。

　　本次竞选分为前、中、后三大环节推选、确定候选人，包括自

● 作者为获奖大队颁奖

荐和班级推荐审核资料、组织笔试、公示名单等步骤；个人现场展示，包括制发竞选海报、展示个人才艺、现场演讲竞选等步骤；任命就职，包括公示拟任人选、明确委员分工、发布任命文件、张贴委员简介、举行就职仪式等步骤。这一系列流程全部完整执行下来，基本实现了学校开展大队委竞选的意图和宗旨。这份成果来之不易，离不开学校各位班主任、德育主任、教工团委书记、音乐美术组等为本次竞选活动进行的充分准备，离不开大家反复讨论研究、不断改进和完善方案，时常加班加点，无私奉献智慧和汗水，离不开各位家长的大力支持。

　　大队委工作是学校思政工作以及小学生加强自我教育、自我管理的重要内容。能够参与其中，对学生来说，主要有三个方面价值。

◖◗ 学校综合素养活动队列训练

一是增强荣誉心，激发学生成长动能。一路勇往直前，无疑是一件特别光荣的事情。在此过程中，学生要进行充分准备，付出艰辛劳动，当所有努力成为现实那一刻，孩子内心的成就感不言而喻。这份成就感会激励、鞭策学生以更高标准要求自己，以更昂扬的激情投入到今后的学习生活中。

二是增强自信心，提升学生综合素养。研究表明，一个人要想取得成功，还要有良好的个性品质，个性品质中最重要的一点就是自信心。大多数贡献突出的科学家都具有强烈的自信心。只有相信自己的判断、相信自己的能力，学生们长大之后才会在某一领域中取得理想成就。参加竞选无论是否当选，最终大家都展示了才华，得到了尊重，收获了认可，学生自信心自然得到加强，更加乐观向上、活泼开朗。

三是增强责任心，培养学生团队意识。团队精神有利于促进团队的运作与发展、培养团队成员之间的亲和力、提高团队办事的整体效率。大队委工作具体且繁杂，学生竞选成功后更多的是肩负了一种服务他人的责任。奉献和付出过程中，学生可以深刻体验、认识到与他人沟通协作的重要性，通过加深与他人的情感联络、工作联系，获得他人的认可和理解，促进学生之间知识互补、性格互补，缓冲矛盾，化解冲突，形成强大团队力量。

一分耕耘，一分收获。成长之路艰辛，拥有热心和宽容，怀抱理想和追求，永葆进取和奋发，学生在少先队这块沃土的培育下像一棵棵小树苗一样，沐浴阳光，自由呼吸，创意生活，茁壮成长。

人心齐 才能泰山移

　　人心齐，泰山移。学校近年来取得系列令人欣喜的成绩，这都是大家团结进取、奋发作为的结果，凝聚着一线老师在教学岗位的兢兢业业、创新出彩，也饱含着行政岗位老师和后勤员工的无私奉献、认真履职。

　　曾记得，青年教师参加市区教学比赛期间，每个行政老师都深入科组给予参赛老师支持和帮助，从实际操作、单元设计等多方面给予指导，一起研究课件，连续几个晚上凌晨才离开校园，第二天又正常上班。

　　曾记得，每周五上午三四节课的行政会议，讨论学校下周工作、落实具体分工、安排活动执行等，大家群策群力，各抒己见，经常废寝忘食。

　　曾记得，学校工会为老师们准备生日卡、妇女节礼物，每年元旦为教职工策划迎新年晚会，都是行政团队各尽所能，利用各种有限资源服务学校，满满的仪式感令人回味。

　　曾记得，春节期间，阖家团圆的美好时光，荔园外国语小学（香蜜湖）的行政岗位老师们依然加班整理评估资料、制定计划，指导并督促校园改建工程，让老师、同学们在新学期拥有了一个全新的美丽校园。

还有很多行政岗位老师的感人事迹，不胜枚举。他们甘于为学校为老师奉献的画面，一幕幕、一幅幅，深深地定格在我脑海里。

学校工作中，行政人员不可或缺，行政工作不可替代，其效力之高低会直接影响到学校整体工作的成败。提升学校行政效力，关键在人。本人作为学校行政队伍的一员，借此机会，有几点思考与行政岗位老师们分享和共勉。

要坚守岗位履好职。作为行政岗位老师，要对所在岗位职责了然于心，正确处理教学工作和本职岗位关系，自觉做到岗在人在，注重讲究分工合作，让每一项行政工作都有人管、有人做，保质保量完成岗位任务，给一线老师树榜样、做表率。

要提高能力履好职。不断学习是丰富知识和提升能力的重要途径。作为学校行政岗位老师，要加强政治理论学习，提高思想觉悟和精神境界；要积极参与业务培训，活学活用于教育教学和管理，为高质量完成本职工作夯实基础；要具有忧患意识，与时代发展和社会进步保持同频共振，注重通过各种方式，吸收新知识、新理念、新技术。

要服从大局履好职。坚持时刻把学校装在心中，做到个人服从组织，少数服从多数，局部服从全局。坚持心胸开阔，愉快看待和处理本职工作，学校行政工作节奏快、头绪多、时间长、容量大，却没有补助没有报酬，长期做到甘于奉献、不计名利不是一件容易的事，这就要求行政人员具备很强的大局观。

要加强服务履好职。不断提高思想认识，强化管理育人、服务育人思维，将行政工作视作服务学校发展、服务广大师生，特别是服务于学生学习和成长的重要工作，细化部署，统筹推进。主动对接上级部门，领会精神、掌握动态、明确要求，深入了解师生情况，认真倾听他们的心声，做到既接"天线"又接"地气"，赢得老师信任，助力学生成长，促进学校发展。

　　桃李不言，下自成蹊。学校行政工作充满辛苦，行政岗位老师和教学的老师一样值得尊敬。掌声响起的时候，他们可能只是幕后的一群背影。成功喝彩的时候，我要为他们献上一束芳香的鲜花。

工匠精神让三尺讲台光彩夺目

就要开始五一假期了，祝全校师生和家长朋友们节日快乐。

近期学校举行了多场重要活动。一是承办福田区国际理解教育阅读思享会，邀请了肖坤老师、张冠群博士两位专家一起品味文化经典。整个思享会流程顺畅，内容丰富，启迪深刻，会后大家都给予高度好评，为我校开展国际理解教育工作带来莫大鼓舞，也为老师们创造了一次难得的学习机会。二是精心准备迎接四年级省测工作，学校行政和四年级组及语文、音乐、美术、体育学科老师们全员上阵，辅导补缺、考务组织，尽其所能、一丝不苟。三是开展幼小衔接教师交流研讨会，与学校周边4所幼儿园的老师们齐聚一堂，沟通交流，深入探讨如何帮助孩子适应入学角色转变，如何研讨幼小衔接课程采取游戏化、生活化、综合化等方式实施，强化儿童的探究性、体验式学习等相关事宜。

这一路走下来，大事情一个接一个，得益于大家齐心协力、辛勤付出，所有活动都圆满完成。我和大家一样，累并快乐着。这份快乐是因为我们的所做，对孩子们成长有价值，对教育事业有价值，对社会进步有价值。这份快乐，更是因为紧张忙碌的一周时间里，我深刻感受到了全校老师展现出来的劳动精神、工匠精神，在四月芳菲的美好时光里，光彩夺目，令人欣喜。

作者为同学们"扣好人生第一粒扣子"

"民生在勤，勤则不匮"，中华民族是勤于劳动、善于创造的民族。劳动创造让我们拥有了历史的辉煌、今天的成就。老师是平凡的职业，教书是辛劳的工作，三尺讲台要想出彩，离不开爱岗敬业、甘于奉献、精益求精、追求卓越的劳动和创造。

我们要弘扬劳动精神。自古以来，中国人心里劳动最光荣、劳动最崇高、劳动最伟大。作为教育工作者要教育孩子们从小热爱劳动，热爱创造，通过劳动和创造播种希望、收获果实，同时也要通过劳动和创造磨炼我们自己的意志、提高我们自己的修养，自觉遵纪守法，依靠诚实劳动赢得幸福。

我们要团结劳动力量。人民是历史的真正创造者。众人拾柴火焰高，众人划桨开大船。学校教育教学和管理工作点多、面广、

○● 作者指导学生文艺表演取得圆满成功

事杂，涉及方方面面，不能各自为战，单打独斗，只有充分发挥全体教职员工的积极性、主动性、创造性，心往一处想，劲往一处使，才能创造出令人满意的可喜成就。

我们要增强劳动本领。三百六十行，行行出状元。只要保持孜孜不倦学习、勤勉奋发干事的精神状态，多学多做多钻研，掌握一门过硬的好技术，就能立足岗位成长成才，就能在劳动中发现广阔天地，在劳动中体现价值、展现风采、感受快乐。

春种一粒粟，秋收万颗子。大厦靠一砖一瓦砌成，幸福靠一点一滴累积。让劳动成为我们人生的最美风景线吧！

身心健康乃幸福之源

　　学校组织老师积极参加了深圳市福田区关爱教师健康工程暨教师体质监测活动。中国教育科学研究院体育美育教育研究所所长吴键应邀做线上分享时指出，一直以来大家的关注重点都放在学生体质健康上，而对教师体质健康关注很少，该项工程的实用价值和现实意义非常重要。

　　健康是生命之基、幸福之源。健康不能代替一切，但没有健康就没有一切。现代生活节奏快，压力大，作为小学教师承担着一定的教学压力，因为家长们对孩子的期待非常高，老师们不仅需要考量孩子们的综合素养、学习成绩，还要及时更新自己的教学方法，很多时候忽视了对自己体质健康的关注和管理。因此，教师们要经常自觉全面关注自身的健康水平，改善自身健康状况，适应职业工作和生活需要。

　　要广泛开展健康教育。把健康教育融入学校教育教学各环节，引导师生树立正确健康观、提升健康素养和养成健康生活方式。大力宣传公共卫生安全、传染病防治和卫生健康知识，提高广大师生传染病防控意识和能力。将应急救护培训纳入学校素质教育内容，融入教育教学、课堂教育与课外实践，提高师生应急救护知识和技能普及率，让健康知识、行为和能力成为师生普遍具备的基本素质，全方位全周期保障师生健康。

要养成良好健康习惯。自觉落实常态化疾病防控措施，保持勤洗手、常通风、不扎堆、分餐制、用公筷、适量运动、规律作息等健康行为和习惯、改善学校和家庭视觉环境，引导中小学生科学规范使用电子产品。强化学校体育教学训练，严格落实两操制度，上好体育与健康课程，引导学生每天放学后进行1~2小时户外活动，家校协同营造良好体育氛围。

要保持全面健康心理。积极开展生命教育、亲情教育、爱国教育，自觉维护心理健康，掌握正确应对学业、人际关系等方面不良情绪和心理压力的技能，提高心理适应能力，做到自尊自信、理性平和、乐观向上。为师生提供便捷心理健康服务，将心理疏导干预机制融入校园日常生活。

要营造温馨健康环境。只有教师本身更加重视健康问题了才能更好提升学生健康水平。要整治校园整体环境卫生，加强对校园公共区域清扫消毒和室内区域通风换气，落实生活垃圾分类，营造干净整洁、卫生、健康的校园整体环境。

人生是否幸福，有很多的衡量标准，而健康永远被列在第一位。失去了健康，没有了健全的体魄与饱满的精神，生命就会黯然失色，生趣索然。

祝愿我们大家：永远平安、健康幸福。

让**国旗高高飘扬**在心里

今天是个特别的日子——中秋节，再过一天又是国庆节。双节双喜，8天假期，大家都开始沉浸在美好节日的幸福里。中秋节，是万家团圆，千里共婵娟。国庆节，是举国同欢，自豪共荣光。有国才有家，国强民才安，是富强、安全、和谐的国家让我们的节日充满舒心和快乐。

为了迎接国庆，赶在放假前，学校邀请了武警战士来现场，精心组织举行了隆重的升国旗仪式。国旗是国家的标志，是国家的象征，升国旗对师生来讲是一次重要的爱国主义教育活动。其意义有三：一是升国旗致敬祖国。国旗代表国家独特的历史、文化和价值观。在升旗仪式上，全校师生瞩目国旗、高唱国歌，真诚地表达对祖国的敬意、对国家英雄的纪念。二是升国旗弘扬爱国主义精神。爱国主义是中华民族的传统美德，也是当下的时代精神，通过升旗仪式，感受国家荣耀，必将激发师生增强爱国情感。三是升国旗强化担当。升旗仪式是集体活动，在这个过程中，不仅能够感受到个人的责任和使命感，还能够感受到团队的凝聚力，特别是对于小学生来讲，这样的活动非常有助于培养团队合作精神，从小树立国家意识和集体荣誉感。

拳拳赤子心不可无，浓浓爱国情不可少，耿耿报国志不可弱。冯玉祥曾写过一首诗教育学生爱国："鸟爱巢，不爱树，树一倒，没住处，看你糊涂不糊涂。人爱家，不爱国，国如亡，家无着，看你怎么去生活。"我们每个人不就是一只向往自由、快乐和幸福的小鸟吗？家庭、学校、国家不就是我们赖以生存的大树、树林、森林吗？爱国不仅是信誓旦旦的告白，更要有扎扎实实的行动；爱国不仅是追寻诗和远方，更要牢记责任和担当；爱国不仅体现在危难时刻奋不顾身，更体现在我们对待每一份平凡工作的拼搏和奋斗。因此，对于我们，爱家爱校爱国的本分要坚守，"校兴我荣，校衰我耻""国家兴亡，匹夫有责"的警句当牢记。

我欣喜看见，孩子们在作文里这样写道："我注目五星红旗的升起，我耳边回响的是庄严的宣告，是嘹亮的歌声，我眼前浮现的是冲天的火箭，是飞驰的高铁，是田野中一年年金色的麦浪，是大地上一座座崛起的新城。"

我由此坚信，在孩子们心里，升国旗仪式升起的不仅仅是鲜艳的五星红旗，更是自豪和尊严。我们要让国旗高高飘扬在校园，高高飘扬在孩子们心里，努力在立志报国中学会尽责，在博学笃行中历练成长，在细行律身中夯实根基，以青春之为汇聚时代光芒。

此时此刻，我不禁想起，孩子们在升旗仪式上集体朗诵《美丽中国》的悦耳和声：

当我以南方雨林一滴露水的晶莹感受你的清澈
当我以茫茫北国一片雪花的温柔感受你的壮美
当我以万里长城上一块砖的厚重感受你的历史
当我以春天故事里一朵花的绽放感受你的风姿
哦，中国
当我们以一个中国人的脉搏感受你的心跳
我们就会情不自禁地呼喊：
我爱你，美丽的中国！

让孩子们懂得并珍惜生命价值

　　学校按照区教育局工作安排，热情接待了北京师范大学教授、北京生命教育科普促进会会长肖川和常务副会长兼秘书长、福田区生命价值观教育课题组成员曹专两位专家来校进行生命价值观教育体系专题调研。与专家交流引发了大家对生命价值观教育的深入思考。

　　生命教育主要包括生命存在的基础知识、生命的尊重与保护、生命的发展与成长、生命的意义与价值等四个方面。实践业已证明，生命教育是培养孩子良好品质和价值观的一个重要途径。

　　人的生命，只有一次，是无价之宝。近年来，围绕生命价值观教育，学校主要做了以下工作：开设生命教育课程，包括开学第一课、生命教育心理课、挫折教育课等；开展生命教育班会课；组织生命教育学生优秀作品征集，包括亲子互动视频等；举办家庭教育大讲坛、谈心直播转发；召开春晖家长会，互通交流经验；开通生命教育相关心理广播；实施危机干预、学生生命价值观心理疏导等。虽然学校落实了这么多措施，但距离高质量的学校生命价值观教育还远远不够。个人觉得，小学生命价值观教育离不开学校、家庭和社会等多方力量积极参与、互动互促。

　　学校层面。要深入挖掘生命价值观教育课程资源，将生命价值观教育内容贯穿到其他课程教学和课外活动之中。比如，在1~2年

作者出席人民教育校长年会

级侧重于认识生命现象，初步了解自己身体，具备性别意识；乐于与同学交往，懂得关心家人、尊敬老人；亲近爱护自然环境，喜爱充满生机的世界。3~6年级侧重于知晓身体生长情形，进一步理解性别认同，养成积极乐观心态；学习与他人合作，懂得力所能及地帮助弱者；初步认识和体验生命的宝贵，学会远离危险事物，掌握特殊困境基本自救方法；接受挫折教育，认识到以积极的姿态去应对和克服困难；认知到死亡的存在，形成正确生命价值观。

家长层面。家庭是个人品格形成的第一场所。对于小学阶段的孩子，家长要着重参与引导孩子了解自身的生长发育特点，初步树立正确的生命意识，养成健康的生活习惯。家长自己要善待自己和家人，有高度的社会责任感，让孩子深切体验和感悟到生命的价值、意义和幸福感。要营造积极乐观的家庭氛围，使学生个体充分感受到生活的美好。要告诉孩子生命独一无二，也是非常脆弱的，不仅要珍惜自己的生命，也要关爱他人生命，自觉与他人和谐相处；要教育引导孩子养成坚强意志，面临挫折时理性对待、不慌张。

社会层面。要有效利用社会力量，营造珍惜尊重生命的良好氛围。比如，有计划地组织开展守护生命价值知识的普及活动和有生命价值意义的宣传教育活动；积极争取社会力量广泛支持，共同营造珍视生命的社会氛围；建设优美校园文化环境，用美好事物感染学生，鼓励支持学生积极主动参与各类审美实践。

泰戈尔曾说："教育的目的应该是向人类传送生命的气息，既包括内体生命，也包括精神生命"。所以，无论是哪种教育，都要建立在生命教育之上，为孩子们打下坚实人生之基，养成积极人生态度，保障健康身体状态。

此次调研中专家曾问我，生命的价值是什么？

我想起了当天应邀去参加深圳高级中学（南校区）运动会开幕式的一个场景。这所学校是我校大部分六年级毕业生就近入学的初中，我也非常想去看看已经毕业了的孩子们。运动员们精彩的入场仪式后，当主持人介绍嘉宾到我时，场上爆发出了非常热烈的欢呼声、鼓掌声。高级中学集团领导对我说：孩子们见到你最开心！

是的，作为老师、校长，还有什么比孩子们见到你最开心的开心事呢？所以，我告诉专家：孩子们的欢呼声，就是生命价值的最好答案。

"人生百年有几，念良辰美景，休放虚过"，对生命的价值和意义的追寻，是值得每个人思考的问题。此刻，不由得记起保尔·柯察金的名言："人生最宝贵的是生命，生命对于我们来说只有一次。一个人的生命应当这样度过：当他回忆往事的时候，他不因虚度年华而悔恨，不因碌碌无为而羞愧。"

众人划桨开大船

近期看了一个视频，讲的是日本少儿教育非常重视集体教育和团队精神培养，很受启发。他们从幼儿园和小学开始就重视彼此合作、相互信任，强调每个人都有帮助他人、服务他人的义务。比如，体育比赛不设个人冠军只有集体冠军，上学没有家长接送而是要学生自己结伴同行或是高年级护送低年级学生，吃饭要分小组轮流去食堂为其他同学取饭菜，饭后收拾好了再将餐具送回食堂，等等。在一次次的团队合作中，孩子们的信任感和默契度越来越高，充分体验到了合作取得的成就和快乐。这些集体团队行为对加强他们的社会适应能力十分有益，受过这种集体主义和团队精神教育的少儿成人之后，集体主义思想和团队意识对他们行为的正向影响自然不可低估。

个人的力量是渺小的，团队的力量才是无穷的。团队精神作为个人在集体中发挥作用的重要品质，对小学生的成长和发展非常重要。这是由团队精神的作用决定的。一方面，团队精神有助于提升协作能力，帮助学生们学习更多知识，增强实践能力，学会为了达成一个共同目标而共同努力，进一步增强责任心和自信心。另一方面，团队精神有助于建立纯洁友谊，同学们通过团队合作学习到如何去了解他人，尊重他人，进而建立友谊，为未来创造良好的社会环境。再次，团队精神有助于提高沟通技巧，通过倾听他人的意见，以及向他人清晰地表达自己的观点，学生们可以更好地理解彼此、分工合作。

然而，培养学生们的团队合作精神也是一项艰巨的任务，不可能一蹴而就。当下的学生们都有着特殊的思维方式和行为方式，喜欢"各自为政"，希望"出类拔萃"，突显的多是个人价值。讲究个性本身无可厚非，但是，如果一个学生因为缺乏团队精神而不知道如何与人合作、与人相处，不懂得帮助别人，甚至陷入以自我为中心、自私自利的境地，长大后可能很难得到别人的帮助与赏识，不利于个人成长和发展。所以，在强调孩子个性化发展的同时，需要进一步采取得力措施，努力培养和巩固学生们的团队精神。

精心组织团队活动。联合社区开展清理环境、慰问老人、文明宣讲等社会公益服务活动，让学生们理解团队重要性，增强合作意识。组织开展校园运动会、春秋校外研学等活动，让学生们学习到如何协作、如何交流思想、如何解决问题以及如何达成一致意见。特别是对一些性格内向的学生，要积极引导其参加集体活动，逐步让性格变得开朗乐观起来。

精诚构建同学关系。形成友好和谐的班级氛围，增进学生之间的互信和理解，遇到同学之间发生冲突时，及时疏导开导，不让矛盾激化。组织趣味游戏，把学生们分成小组，共同协作来完成游戏任务。开展主题班会，在学生之间分享自己的成功经验，让学生学习借鉴如何在团队中发挥作用、如何解决发生在团队中的问题。指导学生们自己规划、自己准备物资、自己安排好自己的工作，一起举办自己的"节日"。倡导家长鼓励自己孩子在学校多做有益事情，自觉帮助需要帮助的同学，从而建立良好的同学关系。

精准把握教学机会。注重利用教学活动来培养团队精神。安排学习小组进行小组作业和小组讨论，让学生们帮助彼此解决学习难题。多多鼓励赞美，鼓励发挥所长，提高自己能力，让赞美激发学生积极性。通过组织班级活动、竞赛等形式，鼓励学生在团队中担任领导角色，协调和指导其他成员完成任务，培养领导能力。优化班级规章制度、班级口号，建设团队文化，进一步提升团队凝聚力。

精细做好家庭培养。每个家庭就是一个集体，家长要善于引导孩子明白，自己不仅享受着家人的照顾，也有照顾他人的义务，让其从家庭中感受到集体的力量和温暖，进而把对家人的关心扩展到对他人、对集体的关心。比如，日常做到孝顺父母和老人，力所能及做些家务，勤俭节约珍惜父母劳动成果等。

培养小学生团队精神需要家庭、学校和社会的长期教育和引导。只有在这样的多方合作、共同努力下，才能让小学生们真正体验到团队合作的精神魅力，培养出善于协作的优秀品质。

单丝不能成线，独木不能成林。团结带来快乐，团结带来硕果。懂得团队合作和责任担当的人，未来必将获得更多资源，走得更长远。

未来已来。让我们为了未来，从小学开始吧！

自然**生长**　劳动**引航**

三千年前，先民曾吟唱："日出而作，日入而息；凿井而饮，耕田而食。"劳动精神，刻在了每个中国人的骨子里，在先民勤劳的劳作中，方才有了中华民族的生生不息。学校开展了寒假作业劳动模范评选活动，每个班级根据实际星级得分高低推荐3名学生，学校为他们颁发了劳动模范奖状。

这是一份特别的寒假作业——劳动清单。

学校在清单上分别为一至六年级学生设置了5项劳动课程，共有30项，比如，一年级的整理书包、叠衣服、餐前摆碗筷、用扫把扫地、早晚刷牙；二年级的整理书架、叠被子、洗袜子、洗碗筷、拖地板；三年级的清洁房间、整理床铺、洗拖鞋、郊游购物、自己缝纽扣；四年级的整理衣柜、清洗书包、清洁灶台、做水果拼盘、组装玩具；五年级的整理卫生间、做凉拌黄瓜、炒土豆丝、擦玻璃、用吸尘器吸尘；六年级的换被套、整理郊游物品、清理厨房、清洗洗衣机、煲排骨汤。这项活动得到了学生和家长们的积极响应和踊跃参与。看着孩子们手捧奖状的快乐神情，不由得深刻体会到：让孩子们自己动手做家务、当模范，非常有意义，值得坚持发扬。

浩浩荡荡的中外历史文化长河中，闪烁着丰富的劳动教育思想

校长思政课历久弥新

的光芒。宋代理学家朱熹在《童蒙须知》中将"洒扫涓洁"作为孩童启蒙教育，现代教育家陶行知曾说"不会种菜，不算学生"。西方哲学家卢梭在《爱弥儿》中高度重视手工劳动，将之视为重建身体与知识的有效中介。可见，劳动教育是文化启蒙的起点，是教育、文化、精神的来源。在学校开展劳动教育，鼓励倡导学生参与各种有益的实践活动，培养劳动技能、劳动习惯、劳动态度和劳动观念，不仅是一种知识的传授，更是一种人格的塑造，一种价值的培养。

本次寒假劳动作业以及劳动模范评选，对学生而言，彰显了多个教育作用。一是培养动手能力。通过参与劳动，学生运用所学到的知识解决实际问题，提高自己的分析、判断和解决能力。同时，在实践中发现新问题、提出新思路、创造新方法，激发创造力和创新力。二是增强责任意识。通过参与劳动，学生可以认识到自己作为家庭一员以及社会一员应该承担的义务和责任，认识到只有诚实劳动才能创造成果或财富的理念，从而树立正确劳动观。三是丰富人文素养。劳动教育蕴含着劳动创造美的智慧，通过参与劳动，学生可以拓宽视野和知识面，增加文化底蕴和人文情怀，培养审美能力和审美情趣。四是提高身体素质。通过参与劳动教育，学生可以锻炼身体，提高体力和耐力，增强新陈代谢和血液循环，提高抵抗力和免疫力，并养成良好的卫生习惯和健康意识，从而保持身体健康。

习近平总书记在全国教育大会上强调："要在学生中弘扬劳动精神，教育引导学生崇尚劳动、尊重劳动，懂得劳动最光荣、劳动最崇高、劳动最伟大、劳动最美丽的道理，长大后能够辛勤劳动、诚实劳动、创造性劳动。"在今后的教育实践中，我们还要进一步采取得力措施，着力凝聚共识，提高劳动教育课程地位，完善有效的制度保障；着力创新探索，设计推出与社会实际需求和发展相结合、与学生兴趣特长发展相适应的劳动课程内容；着力系统研究，制定客观量化和科学评价的标准和方法，确保劳动教育课程持续有效开展。

"昼出耘田夜绩麻，村庄儿女各当家。童孙未解供耕织，也傍桑阴学种瓜。"劳动观贯穿青少年成长成才全过程。期待荔园外国语小学（香蜜湖）每个学生都热爱生活、尊重劳动，通过劳动教育提升身体机能、生活技能、学识水平，增强意志品质和精神力量，用包含智慧和汗水的辛勤劳动，获得称心如意的丰厚回报。

雷锋精神 人人可学处处可为

今天是3月8日，向女同胞们致以真诚的节日祝福。生活不必很惊艳，但要有自己的精彩，有鲜花，有阳光，有爱的事业。在3月8日这个专属女同胞们自己的特别节日里，祝愿大家：温柔依旧，岁月无羔。

本周还有一个节日很重要，3月5日——学雷锋纪念日。1963年3月5日，毛泽东主席为沈阳部队某部因公牺牲的英雄战士雷锋的题词"向雷锋同志学习"在《人民日报》发表，此后，全国广泛开展学习雷锋活动。

雷锋故居在现在的湖南湘江新区雷锋镇。学生时代从老家赴长沙拜师求学，每次往返都要经过那里。回想起来，只觉得英雄人物并不遥远，其实就在身边。60多年前毛泽东主席为一名平凡而伟大的战士的题词，已经引领了中国半个多世纪的社会风尚。

雷锋精神主要包括：热爱党、热爱祖国、热爱社会主义的崇高理想和坚定信念，服务人民、助人为乐的奉献精神，干一行爱一行、专一行精一行的敬业精神，锐意进取、自强不息的创新精神，艰苦奋斗、勤俭节约的创业精神。其精神内核生动反映和体现了社会主义核心价值观的本质要求。做新时代新雷锋，就要带头践行社会主义核心价值观，以实际行动书写新时代的雷锋故事。

多年来，荔园外国语小学（香蜜湖）非常重视开展学习雷锋活动。学校加强宣传教育，利用升旗仪式、主题班会、校园广播等形式，向同学们介绍雷锋的生平、事迹和精神内涵；学校组织实践活动，通过清洁校园、帮助他人、参与社区志愿服务等，同学们亲身体验和践行雷锋精神；学校创新学习形式，引导同学们开展雷锋主题的绘画、手抄报、故事会、演讲比赛等，将学雷锋活动融入日常教育，鼓励同学们将雷锋精神内化为自己的行为准则，不断浓厚学校的学雷锋氛围。

雷锋事迹深入人心，雷锋精神滋养着一代代中华儿女的心灵。实践业已证明，学习雷锋活动可以帮助同学们更好地理解、弘扬、传承雷锋精神，培养关心他人、帮助他人的优良品德，怀揣善心、永葆爱心地健康成长，进而引导同学们树立正确的价值观和人生观，从小筑牢同学们的信仰之基，不断汇聚向上向善的精神力量。

此时，眼前浮现了一次"雷锋故事分享会"的场景。在教室里，同学们积极踊跃上台，声情并茂地讲述着一个个雷锋的故事。他们讲述了雷锋如何关心他人、乐于助人的事迹，也分享了雷锋在学习工作中刻苦钻研、勤奋进取的精神。我深刻感受到，通过这些发自内心的讲述和分享，同学们更加深入地理解了"雷锋是谁？""他是一个怎样的人？"也更加坚定了学习雷锋事迹、传承雷锋精神的决心。

"如果你是一滴水，你是否滋润了一寸土地？如果你是一线阳光，你是否照亮了一分黑暗？如果你是一颗粮食，你是否哺育了有用的生命？如果你是一颗最小的螺丝钉，你是否永远坚守着你生活的岗位……"这是雷锋日记里面的一段话。

英雄已经离去，精神长存人间。雷锋精神，人人可学；奉献爱心，处处可为。

让我们献出更多爱心、让社会涌现出更多的新时代雷锋吧！

教学教研

努力做**自己的主人**

惊风飘白日，光景西驰流。时间真的过得太快了。

转眼间，这个学期已匆匆走到了尾声。本人兼任法人的幼儿园在大家的共同努力下，成效显著。精心策划的六一儿童节、毕业典礼等活动都留下了孩子们幸福的痕迹。每次来幼儿园，我总是眉眼上扬，眼里有笑，那都是对你们由衷地喜爱和赞美！

2022年是伟大的一年，北京成功举办了冬奥会、香港回归祖国25周年活动，我们有幸见证了历史。随着教育部出台《幼儿园保育教育质量评估指南》、深圳人大会通过《深圳经济特区学前教育条例》，学前教育的春风正在一步步向我们吹来。作为幼教工作者，我们应不忘初心、不辱使命，上下求索，任重而道远。对此，我很期待。

从2020—2022年，两年的民转公过渡期，我见证了你们从青涩走向自信，从青春迈入成熟，从忐忑变为从容，你们找到了自己的成长节奏。对此，我很欣慰。

回眸岁月，脑海里浮现的是孩子们的纯真笑脸，幼儿园时常涌现的爱和力量，你们当中的每一个人，都是我手心里的宝，是你们播撒着爱和希望，经营着努力与善良，用专业的力量守护着孩子们向阳而生、奋力生长。对此，我很感动。

◖◗ 大手拉小手，一起向前走

　　愿你们无论对工作，还是生活，都能做自己的主人。以平常之心面对讴歌或者挑剔，以警醒之心守住诱惑和原则，以进取之心对待专业和自我。对此，我很坚信。

　　浮光掠影，四季轮回。孩子们的成长，老师们的收获，光阴的故事里记载着一届又一届的旋律，愿我们继续带着教育理想奔赴星辰大海，让教育的芬芳弥漫阡陌街巷。

幼小衔接探究：双向联动　自然生长

　　幼儿期是个体社会化发展的重要时期。幼小衔接对幼儿是一次重要的成长经历和环境转换。儿童在这段时间的经历和体验，以及在此基础上养成的社会性发展状况，将影响其一生。因此，必须高度重视幼儿教育和幼小衔接。

　　在荔园外国语教育集团"自然生长"的教育理念下，荔园外国语小学（香蜜湖）和荔外东附属幼儿园倡导创设贴近儿童生命自然

○ "幼小衔接"专题活动

的教育情境，让儿童在自然状态环境中，找到儿童个体的生长点，激发儿童内在的生长力，帮助幼儿在幼小衔接活动中自然而然地获得属于他们自己的关键经验，促进每个儿童由内而发、自然成长。

我们的具体做法，表现在以下三个方面。

一、多维合力，自然衔接

着力通过"四措并举"，促进幼小衔接实现高度和力度并存、深度和广度兼容。无论是幼小衔接，还是小幼衔接，都是为了儿童身心全面适应新阶段、新环境、新要求，要实现"三新"，必须形成合力。

（一）行政推动——彰显领导力。

形成集团行政领导架构，自上而下打造区域网络推进模式，确保幼小衔接工作能做到慢衔接、软着陆、稳落地。

（二）教研引领——厚植研究力。

在教研团队的引领下，认真解读文件精神，思考、把握文件背后的教育导向，为儿童建立一个科学衔接的教育生态。

（三）"校""园"联动——强化执行力。

整合集团课程，园、校根据特色整体设计衔接活动，紧密联动，双向衔接。

（四）课程研发——巩固发展力。

通过"自然生长"的主题探究，研发项目式学习活动等课程，让儿童身心、生活、社会、学习等多方面得到准备和适应，激发儿童内在的发展力。

上述四措并举，促进我们的幼小衔接实现了高度和力度并存，深度和广度兼容。

二、园校联动，自然融入

为了更好帮助幼儿做好全面准备，在幼儿园与小学教研团队的引领下，教师代表多次进行专题会议探讨，协同备课，共同制定了三年联动课程内容，从幼儿园小班开始直至小学一年级，从身心、生活、社会、学习等多方面，幼儿园研讨制定出幼小衔接"准备期"课程内容，帮助幼儿自然而然地获得关键经验。同时，探索制定了幼儿进入小学后第一周、第一月与第一学期的"适应期"课程内容。

（一）幼儿园"准备期"课程的自然融入。

1. 三年准备，静待花开。幼儿园教育应该弱化知识灌输、强化情境体验，弱化成人思维导向、强化儿童身心投入，注重整体学习和成长过程。幼儿园的三年，我们一直在通过"自然生长"课程来帮助幼儿获得积极的准备。这个准备能够让儿童感受到，不仅仅是为入学，还要有更宽广的视野和获得为今后更长远的人生做准备。在"自然生长"的课程中，有对自我认识的思考，对身边人和实物的探索，从而了解家庭、校园、社会、国家等主题。通过三年的学习，孩子们在认知、习惯、思维和意志等方面都有很大变化。

2. 园本课程，充满向往。在大班的下学期，设计专门的课程，有目的地把幼小衔接工作放在重点，但这个重点不是开始排排坐、认字、算算数。到幼儿园大班时，我们开展了多样化的幼小联动，如：幼儿提出问题，小学生帮助解答问题，幼儿想去实地看看，自己制定计划、写申请，幼儿园与小学搭建过渡阶梯，帮助幼儿参观小学、体验小学生活，帮助幼儿积极、从容、自信的向往小学。幼儿通过自主讨论，提出小学生活到底是什么样的问题给小学的哥哥姐姐。幼儿园与小学建立双向互动，邀请小学的哥哥姐姐来园解答。面对幼儿的所有问题，哥哥姐姐细心解答，并教小朋友分类课本、系红领巾等，通过小学生阳光、自信、耐心的答疑解惑，幼儿充分了解了小学的生活，并对小学生活充满向往。听过、想过、还要看看小学的样子，幼儿自己制定参观小学计划、了解路线、体验真正的小学课堂。参观完小学回来，幼儿开始自制一日生活作息时间表和独立清单，并常以大班哥哥姐姐的身份倡议参与幼儿园的各项活动，让身心获得成长，体验自我服务、自我管理的成就。

（二）小学"适应期"课程的自然生长。

幼儿园与小学建立双向互动，通过制度、课程、环境、评价、共育五个方面做好双向科学衔接，为幼儿顺利迈入小学的小初阶段，小学主要从以下方面进行进一步衔接。

1. 环境衔接。创设温馨、包容的开放式环境，通过提供规范舒适的班级内外环境、快乐运动的活动区域，帮助孩子们建立温暖期待的入学初印象，让他们爱上和幼儿园一样温暖的校园。

2. 教学方式衔接。开展趣味探究的项目式课程模式，鼓励积极参与实践活动，通过各类大型活动鼓励儿童解决问题，打破传统的课程模式，积极倾听儿童的需要、关注个体差异构建良好的幼小衔接教育生态。

三、快乐"游戏"，自然成长

我们充分尊重幼儿的好奇心，激发幼儿对学习的兴趣。科学家爱因斯坦曾经说过，"兴趣是最好的老师"，兴趣是动力，幼儿有了浓厚的兴趣就会主动去求知、去探索，并在学习时产生愉快的情感体验。

（一）游戏是孩子最好的学习方式。

在"自然生长"的教育理念下，幼儿园的主题探究活动和小学项目式学习，都非常恰到实处地让孩子们在游戏中、探究中获得了成长。"自然生长"课程下的幼儿园主题探究和小学一年级项目式活动中，孩子学习方式的一致性，让幼小衔接润物细无声。

（二）支持幼儿深入探究问题。

在科学区里，提供可以测量、计算、记录等多种工具，促进幼儿专注深入开展主题探究学习，培养专注的学习习惯。比如，通过实现幼儿的"星光之夜"梦想，引导幼儿坚持克服困难，完成计划、统计、统筹、设计、协商、搭建、收整等项目问题，最终通过活动，获得深入探究的能力、解决问题的能力。

总之，我们秉承"自然生长"的教育理念，尊重儿童生长规律，激发儿童内在潜能，通过双向衔接，融合学、园、校、社等多维空间，实现衔接自然而然，促进成长由内而发，培育每一个孩子从小构建学习潜能、积蓄成长本领，为创造美好未来做准备。

这是孩子的梦想，也是我们的心愿。

这是家长的期盼，也是我们的使命。

这是学校的希望，也是我们的荣光。

今天**小小幼苗**　明日**参天大树**

时间过得真是飞快。无论时光如何荏苒，教育工作一直在路上，教育思考需要开启新篇章。

在学校举办的第三期幼小衔接家长讲座上，翠海幼儿园、金生幼儿园总园、香域中央幼儿园、美懿英皇幼儿园等4家"联合教研共同体"的幼儿园负责人以及家长们来到学校参加活动。广东省家庭教育指导委员会专家委员、深圳市教育科学研究院心理教研员王秋英老师应邀带来讲座《如何帮助孩子做好幼小衔接》，福田区教育科学研究院副院长梁昊、福田区教育局基础教育科副科长张文卓莅临现场指导并作交流发言。通过主题分享、交流探讨，大家收获满满，为下阶段创新开展幼小衔接工作积蓄了更多智慧和能量。

幼小衔接是幼儿园与小学两个教育阶段平稳过渡的教育过程，是孩子在其发展过程中的一个转折期，有教育家甚至认为这种转变的跨度是人生中最大的一次。由此可见幼小衔接的重要性非同一般。

荔园外国语小学（香蜜湖）十分重视幼小双向衔接工作，多年来一直将此项工作作为学校整体教育教学工作的重要组成部分统筹部署、协同推进，学校从家长、老师、学生等多个维度精心谋划，尊重学生发展规律，顺应自然生长规律，通过形式各样、丰富多彩的课程活动，主题讲座、教师研讨、校园交流等途径，在幼儿园和小学两个场域，开展具有阶段性、针对性、实效性的各类教育活动，帮助幼儿从心理、生理、习惯养成等诸方面，全面、快速地了解并适应小学生活。本次举办幼小衔接家长讲座就是学校一直坚持的一种举措。专家的分享非常专业、系统，有理论、有案例，能指导、可借鉴。结合自己在幼儿园和小学教育工作所见所思，关于幼小衔接工作，觉得有三个方面需进一步强化。

重视变化。从幼儿阶段进入小学阶段主要是学习、生活两方面变化给小学新生带来了身体、心理、学习、习惯、性格、人际交往等全方位挑战。学习方面，时间、内容、形式、要求发生根本改变，每节课时间由约20分钟变为约40分钟，学习内容由以游戏活动为主变为有固定统一的全科教材、正规课业；生活方面，幼儿阶段是保教结合，动静搭配，教师与幼儿始终在一起；在小学阶段有严格的作息制度和生活制度，孩子要面对新的校园环境、新的老师和伙伴等。这一系列变化，需要进一步重视、研究并拿出应对办法。

把握重点。实践证明，做好幼小衔接应该把重点放在对幼儿进行入学前良好的心理疏导和习惯培养上。比如，可以在大班下学期，开设班级模拟小学微校园，引导幼儿在微校园扮演学生和老师，养成良好正确的上课习惯；开展"课间十分钟"活动，培养合作能力、规则意识；开展"今天我是值日生"活动，增强时间观念；开展自理能力比赛，提高生活自理能力；加强文明礼貌教育，懂得尊重别人；开展校外社会实践，拓宽人际交往能力。

打好基础。主要体现在五个方面：一是保持学习品质。充分尊重和保护孩子的好奇心和学习兴趣，帮助孩子养成积极主动、认真

共同探讨衔接大计

专注、不怕困难、敢于探究、乐于想象和喜欢创造等良好学习品质。二是提高识字能力。识字能力决定了孩子的阅读和表达能力，引导孩子读书看报，做到读清楚、理解透。同时，善于在生活中识字，路边的店名、广告牌、超市里的零食等都可以成为识字工具。三是能够倾听他人。进入小学以后，课堂上老师主要通过语言表述进行内容传达，孩子需要具备良好的听讲习惯。四是喜欢阅读书籍。阅读指定配套书目，用良好的阅读能力为将来各学科学习打下坚实基础。五是养成专注做事。上小学前尽可能培养孩子集中注意力和专注做事的能力，比如专注看书二十分钟或者专注画画半小时或者听故事音频二十分钟等。

今天小小幼苗，明日参天大树。做好幼小衔接，离不开幼儿园、小学、家庭、社会等多方努力、合力推进，进一步重视规律、回归常识、做到专业。只有这样，才能创造良好教育生态，让孩子们快快乐乐地上学，健健康康地成长。

金兰大义绽新彩

在学校师徒结对仪式上，我代表学校向承担培养工作的各位导师表示了衷心地感谢，向找到自己导师的青年老师表示了热烈地祝贺。

百年大计，教育为本。教育大计，教师为本。师傅带徒弟是要有仪式感的。我们的仪式简约而不简单，拥有自身的庄重和力量，蕴含着我们对导师的尊重和肯定，充满着我们对年轻老师的信任和期待。

由此，我想表达我真挚的希望和愿景。

一是希望导师们毫无保留地传道授业。把好思路好办法好经验，手把手地教，实打实地传，让每个年轻老师青出于蓝而胜于蓝。

二是希望年轻老师专心致志地勤学致用。课前多交流，课后多探讨，善于把导师当作良师益友，善于及时总结提升。我们开展师徒结对，主要目的是要通过这个平台，让新教师更快地融入这个集体，适应学校环境，加快成长，向优秀教师看齐。对年轻教师来说，新的学校意味着新的挑战，如何做到在短时间内迅速成长，关系到个人发展和学校未来，期待通过学校搭建的这个平台实现个人集体双赢。

三是希望教学相长展现成果。师傅+徒弟，是中国优秀传统文化的金兰大义。每一对师徒要在实践中强化科研思维和意识，多做有心人，力争形成一批多学科多领域的特色教学成果，助推荔园外国语小学（香蜜湖）全面发展更上层楼！

为精益求精的**学识风范**点赞

有几件重要的事情值得一说。那就是：我校数学组老师参加了广东省姚铁龙名教师工作室活动；周二下午语文组四年级作业设计及朱云霞、赵晓寒等老师的读书分享会；语文组部分老师一起参与柯灵老师试教磨课；周三下午数学组王北老师"左右"教研磨课；周五上午北外联盟专家到我校，英语组杨雅琪、王彤彤、孟思思三位老师和孩子们一起展示了她们精彩的课堂教学；语文组赵晓寒老师《枫桥夜泊》教研磨课；校级教研课题开题报告会顺利举行。

通过一系列教研活动，我看到了学校老师们对教育事业的担当、对教研课题的理解、对课堂教学的创新，我为老师们努力向上的敬业状态和精益求精的学识风范而欣慰。

在开题报告会上，语文学科组于湘宁（主持人）、王靖（负责人）、赵晓寒、袁可等老师申报的研究课题是"小学语文趣味拼音教学研究"，数学学科组王北（主持人）、罗梅（负责人）、黄芳、张明珠等老师申报的研究课题是"小学低段数学跨学科项目式作业设计研究"，英语学科组杨雅棋（主持人）、翟慧慧（负责人）、许莹、王彤彤等老师申报的研究课题是"'双减'背景下低年级英语学科创意作业设计研究"。三个课题的主持人和负责人老师分别从课题确立的背景、现状、理论依据、将要解决的问题、研究的目标等方面进行了解读。我期待着老师们的研究能早结硕果并用于实践，惠泽学生。

教学质量是学校的立校之本。提高教学质量离不开各学科的课程教研，特别是"双减"背景下的课堂教学研究。其意义和作用有三点。

一是上级有要求。国家《关于深化教育教学改革全面提高义务教育质量的意见》第三部分明确提出要"强化课堂主阵地作用，切实提高课堂教学质量"。新课标也要求老师要把凡是学生能够自己独立完成的事情都给学生留出空间，让学生有时间有机会去选择、决定，去思考、体验，去创造、实践。

二是学生有期盼。近几年来随着新课程改革的日益深入，围绕课堂改革的结构、模式、方法等探索，可谓百花齐放，层出不穷。但其重点都在初中和高中，针对小学阶段如何促进国家课程校本化、学校课程生本化和特需课程个性化，满足不同学校和学生要求而形成的系统化应用成果不是很多。比如，本次开题报告中语文学科老师就提出：当前大部分拼音研究视角集中在拼音教学的传统定位、方法，对如何有效开展趣味拼音教学就很少。

三是老师有需要。人不学无以立，师不学无以教。随着新情况新事物新需求不断涌现，教育改革步伐明显加快，老师持续保持学习成长也是新常态。实践也已证明，老师通过开展课题研究就是实现快速成长的重要路径。在学校，就应鼓励更多老师投入教研之中，以教带研，以研促教，用高水平的教育教学赢得学生、家长和社会各界的真心点赞。

党的二十大报告强调，要坚持教育优先发展、科技自立自强、

○ 青年教师积极参加课堂教学公开课

人才引领驱动。教育、科技、人才是全面建设社会主义现代化强国的基础性战略性支撑。人才从哪里来？人才从小学来。小学阶段是思维习惯和为人品性生成的重要阶段。加强小学学科课程研究，让孩子们学到他们该学的、想学的、能学的，是一件十分重要的事情。那么，如何加强学科教研特别是课堂教学的课程研究呢？个人认为要把握好三个维度。

一是注重传承与创新教法相结合。传统的好方法要筛选后进行保存，同时要结合实际，加强文献资料和调查研究双轮驱动，在传承中创新，在渐进中完善，努力在启发式、互动式、沉浸式、探究式教学方面有新发现。

二是突出能力与师生共生相结合。分数不是育人唯一标准。老师要多做学生成长路上的教练而不是保姆，让研究始终围绕提高

学生的思考力、洞察力、自学力、想象力、类比力等综合能力展开，并尊重学生主体，努力构建起既是严师也是朋友的新型师生关系。

三是技术应用与研究助推相结合。针对小学生心理特点和能力高低，重视融合运用传统与现代技术手段，多形成点对点的项目化教学方式，集开放性与多元性于一体，寓教于乐，寓学于趣，并将优秀教学模式和案例成果广泛应用，逐步形成特色鲜明的教育思想、课程系统、教学范式和学校文化。唯有如此，才不负我们走上三尺讲台的那份初心。

数学是一种现代科技语言

学校启动了数学思维月活动。几周来，老师们认真组织各项活动、准备物料、搜集素材、指导实践、总结评价等环节顺利推进；孩子们积极参与其中、乐在其中，通过丰富多彩的活动走进数学、了解数学、爱上数学，俨然一派数学小达人风采。

这学期的数学思维月活动确立了一个主题：朝着思维的方向行进。期待通过与众不同的数学思维月活动，拓展学生的数学思维能力，提高孩子们的观察、分析、比较、联想、创意等方面能力并激发学习数学的兴趣，体会数学的快乐，感悟数学的魅力，为今后学习和应用数学知识，促进个人学习进步和思维成长打下坚实基础。看着孩子们或满怀欣喜地沉浸在趣味俄罗斯方块数学游戏，或你追我赶地争夺智力赛车突围的胜利，或全神贯注地体验黑白折纸"折来折趣"和"小乖蛋数字游戏"的趣味，或聚精会神地琢磨着"3D建筑模型"和"数字谜盘"等，令人十分欣慰，还有特别刺激的数学活动现场赛，"眼力大比拼""智力大比拼""24点大比拼"和"一战到底"。现场气氛活跃，掌声喝彩不断，大家热情高涨。我相信，随着活动的继续深化，我们的目标是可以达成的。

学者沃尔伯格说：从世界各国对学校学习内容评价的兴趣上，可以看到科技素养和经济产品的必然联系，而其中数学是首要的、被广泛认同的现代科技语言。我们在现实生活中也深切感受到随着信息技术的迅速发展，特别是数学与计算机技术的结合，使得数学在社会生活、生产中的运用越来越广泛和深入，更加凸显出数学在当今社会中的重要性和影响力。作为基础教育阶段的小学生，学好数学是一件非常重要的事情。

通过数学思维月活动，我们看到了孩子们对数学的喜欢和热爱。为了不辜负这份热爱，在"双减"背景下，学校和教师需要更加积极主动地对数学课堂教学进行创新。一方面，要对教学目标进行创新，重点是按照"以生为本"原则，结合小学生年龄特点、情感态度以及数学学习规律来制订教学目标，促进小学生的数学知识、技能运用、学习方法、价值观念等都能得到相应成长。另一方面，要注重借助或创造情境激发学生学习兴趣。学生只有对数学课程感兴趣，才能积极主动参与数学学习，也才能进一步启迪学生思维，使学生获得数学学习的正向情感体验。再其次，要着力通过实施项目教学开展合作探究来培养学生创新思维，他们可以通过与他人合作来加强和巩固对知识的理解与掌握，进而提升综合能力。

一根根数学小棒，在孩子们手里可以生成新使命，加加减减，乐此不疲；一个个数学家的传奇故事，此起彼伏地回荡在教室里，讲的是故事，得的是精神；一个个数字游戏闪亮登场，益智性与趣味性融为一体，来来去去，争先恐后；一张张匠心独具的数学手抄报让人眼前一亮，版式别致，画面新颖；一本本优秀学生获得的证书与奖牌熠熠生辉，奖的是现在，赢的是未来。

此情此景，为学生点赞。

凡此种种，向数学致敬。

美好音乐给人力量

美好的音乐总是可以给人力量。学校管乐队参加了"福田区小学生艺术展演"活动，衷心祝贺同学们。管乐队这学期才组队，但在老师耐心指导下，短时间内初见成效，来之不易，令人敬佩，值得祝贺和分享。

学校管乐队是一支由西洋管乐器为主组成的音乐团体，包含小号、圆号、大号等铜管乐器，长笛、单双簧管、萨克斯管等木管乐器，大军鼓等打击乐器，可以说种类非常繁多。同时，这次由61名学生组成的团队要做到协同演奏，而且选的名曲是《蓝色山脉传奇》，大家付出的努力非同一般。

据管乐队老师介绍，刚组队时，因大多数学生并没有接受过系统的管乐训练，无法达到乐队演奏要求，学校为演奏每种乐器的学生分别开设了小组课程。在学生大致掌握演奏方法后，再根据个人能力分派到各声部进行合奏训练，同时，根据本团实际演奏能力选择各种风格乐曲，让学生在排练中了解更多音乐风格，不断增进艺术兴趣，推进管乐队演奏水平不断提高。

叶同学说道："我二年级就学习单簧管，过程是蛮辛苦的，但不可否认，今天孜孜不倦的努力正是未来快乐的源泉，在荔园外国语小学（香蜜湖）演奏乐团里，我可以学习更多的单簧管演奏技巧，并且与志同道合的同学们一起学习，很开心很快乐。"

颜同学说道："我加入荔园外国语小学（香蜜湖）乐团时间不长，却相见恨晚。和小伙伴们一起演奏的感觉实在太爽了。乐团的配合越来越默契，我最近做梦都梦见演出，梦见我敲击的钢片琴声融入美妙的《蓝色山脉传奇》，余音绕梁，三日不绝。"

透过学生们的真切感言，可以看到学校成立管乐队的重要价值，主要体现在三点：一是培养吃苦精神，管乐队训练很辛苦，没有长时间坚持，就不会收获好成果；二是培养群体意识，乐团是个大集体，走调一个音就会露出破绽；三是培养音乐素质，管乐训练增强其节奏感和韵律感，能潜移默化地陶冶孩子们的思想感情和道德情操，促进整体审美能力不断养成和提升。

音乐是世界上最美好的语言。音乐可以开发人的左脑及空间思维能力。会一种乐器，对学生来说更会赋予他一生的快乐。今后工作中，学校还要重视学生耐力训练、长音练习、音阶练习、吐音练习、模进练习、力度练习等基本功训练，让每一个学生都熟悉一门乐器，通过参加器乐培训培养良好的学习习惯和心理素质，培养对音乐的兴趣并享受快乐的学习过程，进一步提高音乐素质和艺术修养。

《蓝色山脉传奇》是美国作曲家詹姆斯·斯威灵珍的代表作。叙述了一段登山的惊险旅程。有缓慢而美丽的美国民谣，有充满生机、令人印象深刻的快板，有各种乐器轮流演奏，艺术再现了登山者在困境时的挣扎、坚持时的勇敢、登顶时的喜悦。

无限风光在险峰。世上无难事，只要肯登攀。期待同学们创造出自己的"蓝色传奇"。

要多为**青年教师**提升能力做实事

2023年2月开始的福田区首届青年教师教学能力大赛，即将举行大赛颁奖典礼，活动即将落下帷幕。这是区教育局为进一步加强教师队伍建设的重要举措。数月来，我校高度重视，统筹安排，认真组织老师代表参加比赛。经校内选拔后，11名优秀教师参加了11个学科项目的角逐。目前来看，整体效果非常不错。通过大赛，青年教师基本功得到了有效锤炼，专业发展方向更加坚定，有力促进了学校教师队伍素质的整体提升。

为了本次大赛，在各学科组老师们大力支持下，参赛老师各显神通、各尽其能，倾情付出，令人感动。尹少启老师深度解读教材，多次开展"基于核心素养的大单元教学设计"主题教研。杨一林深挖核心素养，创设问题情境，结构化教学设计令人耳目一新。潘琳老师和同科组老师多次集体备课，出谋划策。王彤彤老师坚持多次试讲，精益求精修改教学设计。肖芮老师为了在孩子们心中播下科学的种子，每一个环节都仔细斟酌，每一句话语都反复思考。陈浩中老师会同数学组老师一起分工协作找资料、写教案、做示范，有时备课到凌晨。文马玉老师反复修改活动方案，将"健康第一"思想落到实处。黄学文老师设计出丰富多彩的教学内容，让学生在乐中学、学中用。陈佳纯老师设计实操方法，反复锤炼重难点，增强了学生参与感。袁可老师设计观察种子生长过程实验，让孩子体会到劳动既美好又重要。赵晓寒老师创设"小零食——大世界"等研究型主题学习模式，贴近学生实际，激发学生热情。

培养、提高青年教师教学能力是学校师资队伍建设中的基础性、常规性工作，是进一步提高学校教学质量、增强学校发展后劲的重要保证。我们将以此大赛为契机，采取得力措施，久久为功、绵绵用力，持续巩固、提升青年教师教学能力。

一是创造条件促提升。着力在理解驾驭教材、知识组织传授、教学活动组织、课堂秩序管理、语言表达、人际交往、教学研究、教学反思等方面搭平台、下功夫。如，组织课后反思分享会，将自我教学反思经常化、系统化，找出缺点与不足，重新策划并予以补救。

二是积极引导促提升。开展校内"青年名师工程"评选，创设"青年名师讲坛"，授予"首席教师""教坛新秀"等荣誉。联合专业机构，探索建立青年教师教学档案，对青年教师成长进行长期跟踪。

三是帮扶培训促提升。继续优化师徒结对，增强青年老师和其他教师相互交流与合作。鼓励支持青年老师参加各类培训和教研活动，接受先进教育理念，抓住每一个向书本学习、向实践学习、向校内外有经验教师学习的机会。

四是强化思政促提升。高尚的职业道德是教师进行教育工作的必要前提。要加强对教育者的思想政治教育工作，坚持学校党建工作和业务工作同部署同推进，定期开展全校教师的职业道德、家庭美德、社会公德专题讲座等活动。

德高为师，身正为范；学为人师，行为世范。保持清醒认知、加强自我更新，提高教学能力、赋能学校发展。教育教学——永远在路上。

集体备课 教学路上的明灯

　　周一的时候，我想开学已经是第4周了，要了解掌握一下备课工作，于是临时给语文、数学、英语学科组负责人发了一条信息，请学科组长分别提供情况：如何落实集体备课制、对老师备课要求具体是什么、备课制好处有哪些、目前存在哪些问题、如何改进提高。不需要长篇大论，有事说事，清单条理化，几百字就行。原以为学校事情特多，又是临时安排，学科组长没时间处理这个事情，可是，没想到第二天科组长就将文字资料发给了我，而且非常详细，有观点有实例，有的稍做修改补充就是一篇小论文。

　　比如，英语组翟慧慧组长就如何落实备课制在开学工作会议就进行了说明和规定，要求同年级老师集体备课，师傅定期检查徒弟教案，五年以下教龄老师要手写详细教案，包括教师课堂语言和学生语言预设等；数学组林晓敏组长要求做好课程标准、教材、学生、例题和习题、教育素材、教法和学法指导等6个方面的深入研究，特别是要求深入了解不同层次学生的学习基础和思想状况，选准本课起点和基点，使分层教学运用到教学的每一个环节，要设计教学效果检测的基本方法与内容，精心选择和设计例题、随堂练习题，确保教学的效果与覆盖面。语文组朱云霞组长由整体到个体、由具体到概括、由理论到实践、由教训到经验、由信息到课例

○ 组织开展学生语文素养培育研讨

的备课六步法创新创意、思路明晰，在课时备课方案上具体要求到教学目标、教学重点、教学难点、教学过程、板书设计、教学反思等板块清晰、内容完整等等。可见，各教研科组平时基础工作非常扎实，下了很多真功夫、实功夫，储存有现成干货，哪怕面对临时"突袭"，也可以不慌不忙，应对自如。

长期以来，对于集体备课，我校一直相当重视。我曾经跟一些中小学的骨干老师一起探讨过备课事宜，大家觉得很多学校教学质量优异，其中一个重要保障是老师备课做得又细致又扎实，知识点、易错点等老师想得清清楚楚、教得明明白白，学生学起来自然轻松许多。

实践证明，集体备课是教学过程中一项十分重要、细致且复杂的创造性活动，它是大面积提高教学质量、提高学生素养的有效手段。总结起来，集体备课至少具备如下作用：实现老师之间资源共享、交流互动，体现学科团队合作精神，促进老师共同提高水平，减轻老师工作负担并提高效力，保障学生享受到最优教学过程，弥补教师个体发展不平衡的缺陷。因此，有老师感叹道："集体备课是教学工作中的一盏明灯，灯明亮些，我们的心胸就更开阔、思路就更敏捷，教学工作也更得心应手。"

家长、学生都希望老师上好课。一堂好课的标准是什么？我对华东师范大学崔允漷教授的观点深有同感，崔教授从学生角度考虑，认为判断一堂课的质量要看"是否真正让学生学习增值"，这个"值"包括四个方面：一是动力值，即学生想学习的愿望；二是方法值，即学生会学习的方法；三是数量值，即学生所学到的知识与技能；四是意义值，即学生学到的东西是有意义或受用的。所以，我觉得，要想拥有这样的满意四值，集体备课的路子必须坚持走下去。

"少年是一个美好而又一去不可再得的时期，是将来一切光明和幸福的开端"，让我们为这个光明和幸福的开端多多赋能吧！

语文大学问 用心去追寻

　　备受学生们期待的一件大事、趣事，就是学校的语文素养月展演正式启动了。在一个月的时间里，孩子们将在语文老师引领下，按照"语文素养"课程指引，分年级展开系列活动。一、二年级的小朋友开展故事讲述活动，他们用稚嫩但感情饱满、元气十足的嗓音去绘声绘色地描述一个个小故事。三、四年级的孩子们则在不同场合下进行经典美文的诵读，展示自我，提升对于朗诵的兴趣与热爱。五、六年级的孩子们则要准备思辨要求更高的辩论和演讲活动，通过一个个有趣的、且与我们生活息息相关的话题辨析，思路清晰、言简意赅地提炼与表达观点，同时还要通过唇枪舌剑，锻炼提升临场反应和语言组织能力。我相信这些活动将引导学生们充分提高语文能力，把书本上学到的语文学科知识灵活地运用到生活之中，探索发现"处处是语文，处处有语文"的乐趣。

　　在我看来，语文是承载着其他科目学习的基础底座。苏步青先生是享誉世界的数学家，被誉为"东方第一几何学家"，他曾说："语文是成才的第一要素，我从小打好了语文基础，这对我学习其他学科提供了很大方便。"学校里一位三年级的孩子也曾这样写道："不知不觉，我参加语文素养活动已经3年了，这3年中我体会到它的多彩与缤纷、充实与趣味，让我发挥了脑海中潜藏的无限创意，养成了良好的倾听、交流和思考习惯，锻炼了胆量，壮大了自信，在表达自我的过程中学会了沟通的艺术、合作的技巧，明白了自信和勇气的可贵。"

在此，我为这位学生的进步感到骄傲。此刻，我也记起学校语文组长期以来付出的汗水和智慧，总结起来，他们主要做了以下工作。

紧跟课标活源头，深化课研强素养。这学期开学以来，王干副校长给语文组进行了两场关于核心素养的专题培训，学校还积极组织相关老师们参与到了福田区基于"生·活"语文教学主张的高质量课堂系列活动，取得了长足的进步。同时，学校历来重视教科研工作，"基于项目式学习的小学语文整本书阅读教学实践研究"已经结题，新的区级课题"学习任务驱动下的小学语文整本书阅读实践研究"正在进行中。这些培训、活动和科研，为我校语文教学打下深厚的学科专业底蕴。

集体备课提效率，常规检查促落实。语文组认真落实教导处有关规定，在备课组内实行定课题、定时间、定主讲人、全体参加的做法，做到统一思想、统一进度、统一练习，在教学目标、学生练习、教学方法上集思广益、取长补短，科学制定对策，使备课质量明显提升。同时，强化常规检查督促，确保有条不紊地完成每周各项教学任务。

着力培养青年人，目标高远求发展。学校语文组青年教师居多，以"融入学校，站稳课堂"为目标，以"学校文化解读、教师职业素养、学科教学技能"为载体，以师徒结对等形式为路径，不断锤炼青年教师教学基本功，形成我校强有力的新生师资力量。同时，学校语文组群策群力，组织师生积极参加"小小朗读者""最美阅读者""经典诗词朗诵、讲解"等系列活动，共计30多人次获奖，其中尹少启老师代表语文组参加福田区青年教师基本功大赛取得一等奖，潘季佟同学的诗词讲解作品《暮江吟》获福田区"经典诗词进校园"一等奖。

学校"语文素养"校本课程隶属于集团"自然生长"的教育课程体系，是学校的创新课程之一，已经成为深圳市好课程。实施几年来，不仅让学生受益，同时还收获了家长的好评。一个五年级学生的妈妈这样写道："手边这本《语文素养》小册子，只有薄薄几页。一开始我并没有在意，只是看着孩子寻找和设定主题，一周一周的时间过去，她兴味盎然地采访，条分缕析地整理，在无限大和无限小的各种主题之间，自如切换，并没有任何的拘谨和束缚。我忽然意识到，原来这本薄薄的小册子，远不是它看起来那样简单。它试图表达的，是语文的内涵；它试图探寻的，是语文的边界。"

家长的表达既是鼓励也是鞭策。语文是语言文字、语言文学、语言文章与语言文化的简称，作为人文社会科学的一门重要学科，它既是语言文字规范的实用工具，又是用来积累听、说、读、写、译等能力和开拓精神文化财富的一门学问。

飘在天上，语文是神态悠闲的白云，让人浮想联翩；长在山间，语文是清凉可口的泉水，让人流连忘返；行在大地，语文是浪花飞溅的大河，让人心潮澎湃；放在心里，语文是一首饱含深情的歌谣，让人回味无穷……

期待荔园外国语小学（香蜜湖）的学生们，增长更多语文大学问、拥有更多语文大学问。

赛出**青春风采**　赛强教学水平

　　学校开展了青年教师教学赛课活动。这次赛课范围广、课数多，涵盖语文、数学、英语、心理、科学、美术、信息等7个学科，参赛节数达18节。本次赛课在学校教研室精心组织、其他部门和老师们大力协同配合下，活动井然有序、圆满成功。

　　通过现场观摩和赛后老师交流反馈，我深刻感受了每一名参赛老师对待教师工作的敬业精神、见证了他们不断精进的教学能力。正如一位老师所写："参赛课的过程是一次提升教师综合素质的宝贵机会，是一次与同行交流的宝贵过程，是一次增强自信心的宝贵锻炼。"

　　一、态度可嘉。参赛老师们自觉将此次赛课活动作为自己业务素养提升的一大契机，认真严谨地投入其中，细致揣摩教材中蕴含的教学理念和目标，积极探索、精心设计课堂教法和环节，将学习乐趣和文本情感都带给了学生们。比如《窗边的小豆豆》阅读分享课的老师，将授课重点集中在与众不同的巴学园和奇怪的小豆豆之间微妙的联系，让同学们在讨论中明白小林校长总是夸奖小豆豆的原因，学会看待事物的不同角度，也学会看到他人的长处和如何帮助他人。

　　二、把控有度。对教学内容的把握上，我看到了老师们的理解更加深刻，教学目标更加清楚。为了达到对教学重难点的突破，他们利用年轻人所特有的优势，充分借助多媒体进行形象演绎，所有参赛老师都做了精美课件，使学生的注意力更加集中，在学习中的乐趣更增一层。

三、特色彰显。教师们的课堂各有千秋，形式活泼多样，气氛轻松愉悦。印象中老师们的课堂语言都很有特色，有的干净利落，有的亲切自然，有的娓娓道来，让人听起来很舒服。舒服的语言氛围引导孩子们畅游在美妙的课堂氛围中，有辨析与交流，有感悟与体验，有欢笑和惊喜，呈现出各具特色的精彩表现和聪明智慧。

赛课的根本意义在于成就一个个更上一层楼的好老师。今后，学校还要不定期开展形式多样的赛课活动，并努力做到以下三点。

一、组织保障更完美，促进"要我赛"转变为"我要赛"。对于青年教师来说，参加赛课是非常重要的历练，通过精心备课、认真试讲，更加熟悉了教学流程和方法，提升了教学技能。一位老师有感而发："这场赛事是一个平台，让我领略到许多优秀青年教师们的风采，带给我许多新的启发；这场赛事更是一个加油站，催动着我踔厉奋发、勇毅前行"。只要这种认识深入人心，必将吸引更多老师积极参加赛课，赛课的价值也将更加放大。

二、赛课教学更融合，促进"任务式"转变为"研究式"。不把赛课当任务，而把赛课当机遇。一位参赛老师说，在备课初期先考虑了三个问题："本节课要让学生获得什么？""学生怎样获得？""如何评价学生的获得？"，然后在备教材上很下功夫，精读文本，把握结构，明确教学目的、重难点，同时观摩名师教学案例，力求在教学环节设计上做到紧凑、完整，再立足学生特点，有的放矢地选择适合个人特色的教学方法。这个过程就是一个研究的

⬤ 福田区荔园外国语小学（香蜜湖）青年教师参加福田区中小学青年教师能力大赛分别获得语文、英语、美术一等奖

过程，这样的过程多了，青年老师一定收获大、成长快。

三、指导实践更有效，促进"点状化"转变为"面线化"。一花独放不是春，万紫千红春满园。一次赛课只是一个人一堂课，要努力让每一次赛课的好做法好经验推广运用在更多学科课堂实践中。一位老师赛后说："最好的成长，是在他人指引下，和志同道合者琢磨、切磋教育课题……正是有这一优秀的智囊团作为坚强的后盾，正是在这一片沃土里，我才能借力生长，交出一份真绩实效的好答卷，站在讲台上的那几十分钟凝聚了所有人的力量。"这份力量要赋能到更多老师们。

赛课已结束，但是，教育永远在路上。在这条路上，一次次打磨，就是一次次成长。让我们继续发扬善学、善钻、善创的专业精神，努力让课堂都充满生机，充满精彩吧！这是学生和家长的真心期待，也是我们的前行方向。

让诗词之美惊艳岁月

　　非常有幸代表学校参加了深圳市教科院联合中华诗词学会等有关单位举办的首届"中华诗教·鹏城诗意"教学研讨活动。活动在宝安区宝安中学（集团）外国语学校举行，满满当当一整天。深圳市教育科学研究院院长李桂娟介绍了"中华诗教"深圳经验，宝安中学（集团）外国语学校进行了午读展示，龙岗区花城小学、罗湖区莲南小学分别做了《诗经·小雅·菁菁者莪》《诗经·小雅·采薇》的节目展演，主办方还分别安排了市教科院初小幼教研中心副主任白晶、宝安区宝安中学（集团）外国语学校副主任赵亮、中华诗词学会诗教委员会副主任赵志祥的六年级《浪淘沙》、三年级《望天门山》、五年级《题临安邸》等三堂观摩课，内容非常扎实、精彩。

　　中华民族传统文化蕴含着丰富的历史、文化、艺术和精神价值，诗词歌赋就是其中光彩夺目的瑰宝。早在 2021 年 7 月，全国首个"中华诗教"示范区建设项目就已落户深圳。这是为了贯彻落实国家《关于实施中华优秀传统文化传承发展工程的意见》《中华经典诵读工程实施方案》等文件精神的具体举措，也是加强与全国诗教工作者交流与合作，共同探索中华诗词与现代教育结合方式的创新之举。在本次活动相关环节，我校获批了全市第三批"中华诗教"试点学校。既倍感使命光荣，又深感责任重大。个人体会主要有以下三点。

借力"中华诗教"可以加强中华优秀传统文化的传承和转化。小学教育除了读写算等基础，还要注重文化底蕴教育、素质教育和基础教育相结合。开展"中华诗教"，可以让学生接触到较为深入的国学课程、诗词欣赏、书法练习等多元化文化内容，从而拓宽视野，进一步坚定文化自信，提升综合素养。"中华诗教"可以促进学生深刻体会传统文化所蕴含的道德观念和行为规范，如"仁爱诚信""礼义廉耻"等，持续获得传统美德熏陶，培养良好道德品质和行为习惯。

借智"中华诗教"可以拓宽融会贯通中华优秀传统文化的课堂主渠道。将"中华诗教"与基础型课程素养教育相结合，充分发挥课堂教学主渠道作用，可以集知识传授、能力培养、智力发展、陶冶情操为一体，形成全员全过程育人机制和氛围。注重细化传统教育的内涵，在语文学科，深入挖掘教材已有诗词的文学价值和文化内涵，做好朗读和背诵，帮助学生扫清字词障碍，做到对字词句的学习和积累，重视学生对于古诗文内在含义的有效领悟，如优秀情感和高尚品格等，努力形成对学生自身美育和人文教育的有效铺垫。注重吸取传统文化的精髓，在品德与社会学科，可以将课堂作为开展社会主义核心价值观和传统文化教育的主阵地，选择中华诗词，引经据典，拓宽内容，教授基础课程同时进行传统美德和礼仪教育，增加思想教育魅力。在美术学科，可以根据诗词意境教授学生绘画、书法、剪纸等；在音乐学科，可以结合与诗词作者和内容紧密关联的影视作品，开展专题沉浸式教学。

借助"中华诗教"可以增强校园文化活动的实践性和趣味性。坚持开展"五校"活动，用校训、校徽、校史、校歌、校旗的文化内涵浸润孩子们心灵，比如结合校训组织学生编写"我最喜爱的经典诗词"文化手册，向教师、家长、学生、社区广泛宣传，创设"健康、快乐、创意"的成长环境。坚持做好"节日"活动，用底蕴深厚的文化力量培养孩子们秉性，结合描写传统节日的古诗词开展文学品鉴、朗诵比赛、趣味接龙、情景表演、诗画原创等多种形式的主题分享，比如元宵节的福、清明节的英雄、端午节的爱国、中秋的月、重阳节的孝、春节的团圆等主题。

腹有诗书气自华。"中华诗教"搭建了一个让孩子们从小接受文化熏陶、提升综合修养、增强个人魅力，进而树立正确人生观和价值观，理性看待社会和人生的重要平台。相信那些蕴含其中、博大精深的优秀文化、优秀品格、优秀理念，必将滋养着孩子们一路成长，赋予他们享用一生的智慧和力量。

查漏补缺　温故而知新

　　学校根据上级要求顺利进行了语文、英语、道德与法治学科的学业质量检测。学校随后将全面汇总、认真分析检测结果，力求找出学生的薄弱环节，反思教学过程中的难点问题，并研究制定相应改进措施，进一步优化教学方法，加强对学生个性化需求关注，促进学生全面进步。

　　学校非常重视学业质量检测工作。我们深刻感受到，学业质量检测是提高教育教学质量的重要手段之一，具体来说有三点意义：一是可以促进教学改革，通过检测有助于了解教育教学现状，为教师提供重要的教学参考，便于及时调整教学方式和方法，为学生提供更好的教育服务；二是可以提高教学质量，通过了解学生个体的学习状态，评估学生在各个学科领域的学习情况和能力水平，分析学生的学习特点、弱势环节、潜力和优势，更加精准地指导学生；三是可以促进交流合作，有利于老师们互相交流学习，共同探讨提高教育教学质量的培育方法和策略。为此，学校对本次学业质量检测工作进行了周密安排部署，圆满完成了此次检测任务。

　　如何在今后工作中进一步高质量推进学业质量检测，个人认为还需要做好以下几方面思考研究。

　　坚持质量检测原则。讲发展，树立以学生发展为本的现代教育理念，不仅注重评估的结果，更注重发展和变化的过程。讲导向，以党和国家的教育方针、政策、法规和有关文件为指导，将要求贯穿于学习质量监测评估全过程。讲时效，研制有效的方法与工具，对学生学习质量现状、影响质量因素作出科学分析，形成提高教学质量的正确决策；在保证学科科学性前提下，尽可能让检测方法和工具简便易行，便于操作。

创新检测评价办法。不以书面分数论英雄，着力在综合素养上对学生学业水平进行立体评价，这样做有两点好处。一是促进教育思想、教育观念转变。促进大家形成共识，对学生的评价，不能仅停留在试卷、分数上，还要体现新的人才观和教育观。二是增强学生学习自信心。强化以学生发展为本，让学生对检测评价形式感兴趣并主动参与，并充分发挥新检测评价方式的诊断功能和激励作用，引导学生自觉进行自我反思和自我改进。为此，要进一步优化《教学质量评价方案》，对检测评价的理念、内容和方式进行革新。比如，评价方式除书面考查由统一命题外，其余评价方式可由各年级教师结合评价内容及学生的年龄特点，选择适当的方式来评价学生的学习过程，反映学生的进步历程；为让所有的学生都有成功的机会，可以为学业检测设立多个单项奖、特长奖、进步奖等，让每个学生都捧着奖状回家。

丰富学业检测内容。注重贴近学生生活，不仅考查学生对基础知识、基本技能的掌握情况，还反映学生分析问题、理解问题、解决问题的能力。注重体现新课标的基本理念，增加从"情感与态度""合作与交流""课外实践"等非学业方面进行评价，关注学生全面发展。比如，在"情感与态度"中多考查学生的学习兴趣、学习习惯；在"学习的过程与方法"中多考查学生的学习方式、自主学习能力、质疑能力、探究精神、合作与交流能力等。注重改变教什么就考什么、怎么教就怎么考的传统思维模式，力求题型多样化、题材情境化，使检测命题融入生活现实，符合学生需要，让学生对学业检测保持亲近感。

提升教师学业水准。师高弟子强。学业质量检测既是测学生也是测老师，学生的学业要强，师傅要先强一步。一方面，深刻领会课改精神。课改不再将学生掌握系统知识放在首位，而是将学生价值观和情感态度的培养、激发学生关注和参与社会生活的热情、培养具有强烈的责任感和使命感，形成乐观向上的人生态度放在首位。这就要求教师们在教学设计时候多注重学生的情感体验，让学生爱上这门课，产生强烈的学习动力。另一方面，用好用活现代手段，重点是用好多媒体教学辅助工具，给学生以具体形象、有声有色的情境感受，让学生在体会、感悟中获取新知，让每一堂课都充满活力。

"温故而知新，可以为师矣"，学业质量检测是对过去阶段性知识的一次检验、学习与巩固。"知之为知之，不知为不知"，"温故而知新"，自然可以知识越来越多。

"少年易老学难成，一寸光阴不可轻。未觉池塘春草梦，阶前梧叶已秋声"，祝福同学们倍加珍惜大好时光，不负韶华，学业精进。

推门听课 "开卷" 有益

学校长期以来坚持执行推门听课活动，感受很多。教育实践证明，推门听课可以起到四个方面作用：

一是有助提高教学质量，通过现场了解教师在日常教学中的实际表现，发现并改进教学中存在的问题；二是促进教师提高素养，通过听课和评课形式让教师看到优点及不足，激发教师的自我反思和自我提升，有针对性地提高教学水平；三是不断加强教学管理，通过现场听课进一步规范教师的常规上课行为，真实掌握教师授课水平和教学能力，为实现学校教学目标提供重要的参考依据；四是推动课堂精彩高效，推门听课对教师具有一种心理监督作用，可以强化教师的工作责任心，坚持认真备课上课好作风，进一步保障学生的学习权益。

为此，这学期学校按照集团统一要求，校领导和教导处、教研室负责人加大了推门听课的频次和力度。

本次参与听课的数学课内容是《商中间和末尾有0的除法》。在课堂我们看到授课老师有三大优点。首先，课堂过程把控好。教态亲切大方，教学过程思路清晰，始终围绕教学目标，把握重点、突出难点，并根据低年级学生的学习特点进行教学，语言具有很强的感染力，能够通过不同的鼓励性语言带领学生高效教学；其次，教

作者在汉寿县支教时为学生上音乐赏析课

学形式拓展好。能够引导学生开展观察、比较、猜想等多种形式活动，让学生在课堂上积极参与互动，培养数学思维能力、反思能力和数学语言表达能力。再次，成果巩固效果好。在学生练习阶段及时对学生的进步和问题进行反馈和提醒，实施算理和算法的多样化对比教学，学生掌握效果较好，可以看出平时常规训练做得很扎实。

在另一堂语文课上，老师讲的课文是《吃水不忘挖井人》。听课过程中，大家对老师教学有以下几点评价。一是教学内容丰富，情感真挚。老师声情并茂地讲述了毛主席帮助乡亲们挖井的故事，引导学生们深刻感受一代伟人的为民情怀，同时，老师还结合课文内容，引导学生们思考为什么要感恩、如何感恩等问题，使学生们在情感上得到熏陶和升华。二是教学方法多样，互动性强。老师在教学过程中采用了讲述、提问、讨论等多种教学方法，使学生们能够积极参与课堂，主动思考问题，活跃课堂氛围。三是基础教学扎实，有难点突破。老师对于课文中的难点和生僻字词，能够进行详细解读，帮助学生们更好地理解和掌握。

为了更加精益求精，大家也将听课过程中发现的不足在课后与老师及时进行了交流。比如，数学课老师还需更多关注学生的整体学习状态和注意力，多引导学生自发提出问题和质疑，将课堂练习时间安排得更充裕；语文课老师还可以更加注重培养学生的思辨能力和创新精神，鼓励学生提出自己见解和想法，可以结合更多的实际案例和历史背景，使课文内容更加丰富多彩。授课老师对这些建议都虚心接受并认真吸纳进行改进。

推门听课作为一种教育评估方法，也是学校管理的一种方式，在今后工作中还需要进一步完善举措、提升实效。一是升华反思。听课人要更加细心观察课堂上的每一个细节，深入分析课堂中教师的教学内容及学生的表现，课后对课堂教学中值得商榷的问题进行专业化的深入探讨，提出改进的办法和建议，要更加有用、好用、管用。二是浓厚氛围。学校教育是整个教育体系中不可缺失的重要组成部分，要让本校全体老师在推门听课影响下形成一种积极的竞争环境，自觉相互切磋、交流成长，不断增强归属感和成就感。三是提升水平。教学质量是学校立身之本，要通过推门听课鞭策本校教师在常规教学中备足每一堂课、上好每一堂课。

木棉花开，万物葱茏。莲花山下，花团锦簇，绿意盎然。从课堂走出来，又应邀去参加了东校区幼儿园植树节活动。看着孩子们种下一棵棵小树苗，感到特别愉悦美好，那些小树苗终有一天都会长成参天大树。

人生如树，生根于春。小学教育是孩子们学习知识的根。根深才会叶茂。我们种下的一个个希望正和春天一起成长。

阅读是一门人生的艺术

　　我校选派学生代表王绎涵同学参加全区"我最喜爱的课外书"阅读演讲比赛，获得了一等奖，可喜可贺。长期以来，我校一直在推行整本书阅读、悦读悦享读书分享会等活动，很受师生欢迎。为参加本次比赛，学生挑选了我们一起读过的书籍《童年》《居里夫人的故事》《孤独之旅》作为参赛书目。在老师精心指导下扎实开展阅读，在班里进行了深度交流，在赛前老师还指导修改演讲文

◖ 读书会悦读悦享

稿，讲解演讲技巧，付出了辛勤劳动，取得了不俗成绩。

书籍是人类知识的宝库，阅读是打开宝库的钥匙。于是有了大家公认的经验总结："读书破万卷，下笔如有神；读书百遍，其义自见。"仔细分析来，关于阅读有三点主要体会。

阅读是门学问技艺。大部分的好书都是由专家积累的智慧所写出来的，阅读好书就是向专家们学习经验知识，在纸张上体验磨砺锻炼自己的心智，辨别人情世故的是非曲直，进而丰富自己的精神世界、驱除生命中的寂寞时光、改变生命气质的面貌。可见，阅读是一种学问，阅读经典是一门人生的艺术。

阅读提高学习能力。阅读是眼睛、大脑协调运作的结果。实践证明，有过大量阅读经历的孩子，他们的大脑经过锻炼，脑部识别和处理信息的能力和速度会比很少阅读的孩子更快，在学习中的理解能力也会更胜一筹，对于学习资料，有的孩子可能看了半天也看不懂，但有的孩子能一目十行且完全理解。

阅读增添认知视野。阅读的最大好处就是不断学习新知识，只有不断地学习新知识才不会成为社会边缘人。而学习最好的方法就是阅读一本好书。不断阅读，不仅能帮助学生加强对自然科学、社会科学以及世界各地的风土人情的认识和理解，更能够教会他们做人做事的道理，接触更多新鲜事物，明白社会事理，增添生活乐趣。

阅读带来理性思考。阅读有助于培养学生的思考习惯。作家伏尔泰说过，当你读书思考得越多的时候，你就会越清楚地看到，你知道的还很少。爱读书且善于思考的人，必定不会缺少一个忠实的朋友、一个良好的老师、一个温情的安慰者。

书籍是人类进步的阶梯，而阅读是踏上阶梯的第一步。课外阅读对学生而言，是件很重要很有意义的事情，其关键在于培养坚持阅读的好习惯。比如，每日定时，每天抽出20分钟雷打不动的读书时间，无论每天发生什么事情都不受影响的时间；随身带书，不论到哪里都带上本书，每天出门检查一遍，是否带了书；减少触屏，自觉控制看电视、看手机、上网时间，在手机和电视网络上所省下的每一分钟，都能用在读书上，每天会带来好几小时读书时间；关照兴趣，选择那些感兴趣、可以持续阅读的书籍，即使不是文学名著，它们也让人充满阅读欲望。

此时，我耳边仿佛响起王绎涵同学演讲的声音：

　　……居里夫人在学习上勤奋刻苦，力争上游；在科研上分秒必争，废寝忘食；在爱情上一心一意，坚贞不渝。虽然命运给了她一次次沉重的打击，可她却从来都保持着对科学的那一份热忱和忠诚。她淡泊名利，用自己的发现造福人类，她先后获得两次诺奖，成为历史上一个奇迹。居里夫人曾说过，我从来不曾拥有过幸运，将来也永远不指望幸运，我的最高原则是：对任何困难都决不屈服！这种伟大的人格魅力传承至今，鼓舞着我们不惧困难，砥砺前行……

书籍是人类智慧的结晶，阅读是我们心灵的归宿。让我们通过阅读，看清前行的路、连通彼岸的桥、推动人生的船，顺利到达一个书香满地、心情愉悦的美好境地吧！

与英语**相约** 和快乐**相伴**

　　学校按照荔园外国语教育集团统一部署，启动了以"Seeing the world，Showing China——Welcome to China"（大大眼睛看世界，小小童心秀中国——欢迎来中国）为主题的系列英语特色活动。

　　研究表明，小学阶段学习英语主要具有四点益处。

　　一是提升英语记忆。13岁之前是人的记忆力的高峰阶段，小学开设英语课程，其主要目的就是想充分利用和发挥这一特点，形成一套学生们自己的记忆方法，为以后英语学习打下坚实基础。

　　二是唤醒英语思维。让学生在少儿时期接触英语并形成语言思维逻辑，有助于减少母语思维逻辑影响，使用英语思维去理解英语学科，有效避免中式英语。

　　三是培养英语语感。作为语言学科，语感很重要，它就像是语言的灵魂。学生们在学习过程中一旦培养了语感，就相当于掌握了语言的精髓，这样在英语学习中就会变得轻松。

　　四是打好英语基础。在小时候学好英语，日后对于英语的学习就相对轻松了。

　　本次系列英语特色活动值得点赞。集团校本教材 *Welcome to China——Geography and Tourist Spots* 聚焦地理知识、璀璨城市、风景名胜三大领域，引领学生们一边领略祖国壮丽景致一边学习英

英语学科联动教研活动

语。学习内容的每个模块都图文并茂，每段文字都附有精心设计的听音二维码，只需轻轻一扫，便能聆听专业朗读，让学习变得更加生动有趣。这些人性化的学习方式，无疑为孩子们打开了一扇通往知识宝库的快乐大门。围绕校本教材，集团根据不同年龄段的学生特点，分别研发设计组织了特色活动：

一年级"Hello, China"单词设计，二年级"The map of China"拼贴画和海报制作，三年级"My favourite place in China"翻翻书，四年级"My hometown"小书制作，五年级"Geography and Tourist Spots in China"小视频制作，六年级"Splendid China"知识竞赛。

活动开展后，我校学生们在轻松愉悦的氛围中，不仅提高了学习效率，而且大力激发了对学习英语的无限热情。

我重点观察了五年级同学表现，这个阶段学生的英语普遍有了一定积累。学生们通过小组合作与独立创作，用心构思，巧妙剪辑，精心制作，将一个个精彩纷呈的视频呈现出来。这些视频虽然不长，只有3~5分钟，却涵盖了重点城市的地理位置、天气气候等基本信息，挖掘了风景名胜的魅力，显示了经济发展的活力，充分展示了学生们对祖国的敬仰、对知识的渴望和对生活的热爱。

小学是学生学习英语的黄金时期。在这个阶段，他们拥有充沛的精力、绝佳的记忆力和超强的好奇心。为此，在今后的工作中，我校还将进一步创新方法，促进学生更加有效地学好英语科目。

提高学习兴趣。通过生动活泼的教学方式，如游戏化教学、情景模拟、观看英语动画片、学唱英语歌曲等，让学生体会到英语学习的乐趣。

培养听说能力。引导学生多读英语文章、多背英语句子，多听英语音频、参加口语大赛、模拟播发英语新闻、分角色戏剧表演等，训练提高听说水平。

讲究规范书写。从小注重规范学生书写姿势和书写格式，养成良好书写习惯。

勇于参与实践。鼓励学生有机会多与外国人交流，参加英语志愿者活动，利用在线英语学习平台等提高英语运用能力等。期待通过上述方法的综合运用，能够有效帮助学生们更好地掌握英语这门语言技能。

能讲多种语言的人，尤其是小学生，擅长在两种口语、写作和结构系统中转换。宾州州立大学的一项实验成果表明，这种"游戏法"的技能，能让学生们同时高效执行多项任务，因为他们可以轻易地在不同架构和环境中转换思维逻辑。

祝福荔园外国语小学（香蜜湖）的学生们，通过英语学习，掌握一门语言工具，看见更加广阔的世界，收获更加快乐的幸福。

学校管理

勇毅前行启新程

瑞虎辞旧岁，祥兔迎春来。

刚刚过去的2022年极不平凡。老师们既要照顾家庭，还要坚持教学工作，高质量保证教学进度的完成。同时，老师们还认真对待并且努力完成了集团内部与上级要求的各项任务，交上了一份份优异答卷。

我深深地感动于大家的执着与坚守。

一年之计在于春。新学期伊始，有几点思考要和大家分享。

第一，要深入推进中小学校党组织领导的校长负责制。在上个星期，区教育局组织学校负责人学习了党中央印发的《关于建立中小学校党组织领导的校长负责制的意见》，要求结合实际，认真贯彻落实。加强党对教育工作的全面领导是办好教育的根本保证。建立中小学校党组织领导的校长负责制，是坚持为党育人、为国育才的必然要求。学校党支部将认真、全面贯彻落实好上级各项工作要求。学校将坚持把政治标准和政治要求贯穿办学治校、教书育人全过程，坚持社会主义办学方向，落实立德树人根本任务，团结带领全校教职工推动学校改革发展，培养德智体美劳全面发展的社会主义建设者和接班人。学校将进一步强化学生德育工作和教职工的思想政治工作，加强师德师风建设，加强支部组织建设和党员发展、

科教融合 创享未来
深圳教育改革创新成果交流研讨会
指导单位
南方报业传媒集团 广东教育学会
主办单位 南方都市报社 深圳大学湾区教育研究院

育创新 圳在示

⬤ 荔园外国语小学（香蜜湖）获评深圳教育高质量发展示范项目年度奖

纪律检查工作。

　　第二，要继续完成创建全国义务教育优质均衡发展区的省级、国家督导评估认定工作。深圳市提出要"打造民生幸福标杆，构建优质均衡的公共服务体系，实现学有优教"。福田区将以更强烈的使命担当加快推进教育高质量发展，以先行示范区的标准推动新时代教育工作走在全省全国前列，满足市民就近享受优质教育的需求，打造"本真、适才、普惠、优质"的高品质教育。优质均衡发展区的创建工作从2022年开始，时间跨度长、工作要求高，所需材料数据要准确无误、严谨规范，我校行政做了大量细致的工作，已经迎接了专项督导组的多轮检查。春节前夕，还在督导组的指导下加班加点准备材料。优质均衡发展区的创建工作意义重大，上级领导十分重视，非常有助于我校发展，接下来我校将明确专班专人，继续常态化推进此项工作。

第三，要全面切实落实校园安全主体责任，做好开学前的安全检查工作。1月30日福田区教育局召开的2023年春季开学工作部署会上提出了三个行动方案。一是"学生体质健康全面提升"行动方案，方案聚焦高质量体育课堂，力求让每一位学生在体育锻炼中享受乐趣，普遍提高身体素质。二是"心理健康教育护航升级"行动方案，提出健全"学校、家庭、社会"三位一体心理健康教育协作机制，优化心育机制及课程，促进全区中小学生自觉维护心理健康，保持乐观向上心态。三是"义务教育课程改革"行动方案，通过优化课程建设、融合信息技术、变革教学方式、强化教研指导等措施，努力构建具有中国特色、世界水准的义务教育课程体系，培养适应未来发展、明确人生方向的优秀学生。福田区教育局还将成立福田区青少年儿童成长中心，完善"学校—家庭—社区"关爱机制，培养每一个学生拥有积极心理品质，保持乐观向上心态，自觉维护心理健康，提高心理适应能力，崇尚科学，尊重生命。在区教育局的统筹指导、集团统一安排下，我校也将高标准地落实好各项工作任务。当下，最重要的工作就是，制定周密计划，落实人岗双责，有部署、有组织、有成效、有考核、有监督，确保开学工作安全、有序。

第四，要采取有效措施保障学校持续实现高质量发展。学校只有主动求变，不断适应高速发展的社会需要，才能充满活力，充满动力，充满魅力。这里有五件事情，需要我们团结一心，扎实推进。

一是建设智慧校园。根据我校校园环境的实际问题，未来要更加注重规划设计，科学合理安排教学、生活、休闲、拓展等区域，真正做到小而精。这需要我们香蜜湖人的智慧。

二是提升教师队伍。要进一步优化教师专业化成长路径，激发教师成长的内驱力，建立教坛新秀、示范性骨干、领军教师、学校管理者等不同成长阶段新体系。

三是开设美育课程。学校的高质量发展离不开人文艺术的积淀。人文艺术让学校充满爱的气息、美的品位，我们的孩子浸润其中，有助于综合素养的提升。因此要保证美育课程的实施落地。

四是优化校本课程。在集团的指导下，优化"自然生长"的校本课程实施，要拿出符合我校学生实情的课程方案，做到和而不同。

五是打造学科品牌。学校各科组要在良性竞争的氛围中，找到自己学科的特点与亮点，这不仅仅是在打造我校的学科品牌，更是在为学生造福。

春回大地百花艳，勇毅前行启新程。

相信我们的未来更美好，相信学校的明天更美好。

大展鸿"兔"要有实招

云霞出海曙，梅柳渡江春。

又是一年春和景明、万象更新的美好时节。

金虎辞旧岁，玉兔闹新春。2023年是大展鸿"兔"的一年。央视春晚节目中有一首歌《满庭芳·国色》令人记忆犹新。里面的歌词唱道："青白黄赤黑，东西中南北，五色的经纬，织出山与水。"这句歌词也给了我三个方面的启发。

大展鸿"兔"要牢固树立全面育人的理念。每个颜色都有每个颜色的独特魅力，每个孩子都有每个孩子的天赋、特色。幼儿教育要面向全体、更要促进每个幼儿的全面发展。欣赏不同性格的美、看到不同面的闪光点、用适合的方式，更加深入地进行以儿童为本的教育研究，保持高质量的师幼互动，编织出更美的幼教风景。

大展鸿"兔"要持续坚持整体育人的做法。"眼中颜色翻波澜，天地呈现出五官"。教育是一个整体，幼儿教育阶段是铸造完整一生的重要基石。陶行知先生说"生活即教育"。我们只有站高望远，主动将教育融入生活中的点点滴滴，从生活习惯、行为习惯再到学习习惯，珍视儿童学习的每个契机，尊重儿童学习的方式特点，才能让孩子们在学前阶段为一生的学习和生活打下坚实的基础，这个阶段的学习将成为益于一生的动力源泉。

○ 荔园外国语成立教育集团为学校发展助力

　　大展鸿"兔"要积极构建融合育人的格局。"春风化雨，润物无声"，五大领域全面发展、综合主题、项目式、STEAM……这些概念，都在时刻提醒我们要努力做到在融合中育人。幼儿的学习方式和特点是"直接感受、亲身体验、实际操作"，需要文化融合、实践融合、资源整合、家园融合。我们身边的一草一木、一山一水、一颦一笑都是孩子们的世界，我们要主动融入这个世界，让这个世界五彩缤纷、鸟语花香。

　　教育是一件幸福的事。每当孩子们送我一朵小花、一颗小种子、拉着我坐一起吃饭、看看他们稚嫩的作品，都比任何荣誉让人高兴！

　　教育也是一件辛苦的事。因为每个孩子都需要我们怀抱着极大的真诚、极大的谨慎、极大的爱护和包容，去陪伴他们，去成就他们。

　　让我们一起朝着心中的梦想，奋力前行。

真情寄语即将毕业的宝贝们

盛夏时节，繁花似锦。我们相聚在此，共同见证2023届毕业生毕业典礼，共同见证孩子们即将从这里展翅翱翔，飞向更加广阔的天空。此刻，有很多的不舍、感动和喜悦。

我要向每一位家长表达最衷心的感谢！三年前的夏天，我们欣然相遇，你们把孩子送到荔外东附属幼儿园。三年来，我们彼此信任、互相支持，带着对孩子们共同的爱与关怀，引领着孩子们健康快乐成长。在这个充满温暖和关爱的幼儿园里，我们共同创造了一个个美好的回忆，相信这些回忆会成为孩子们成长路上充满温暖的力量。

我要向全体老师表达最真诚的赞美！三年前的开学日，你们不辞辛劳，安抚着每一张焦虑的稚嫩脸庞；你们用大树一样有力的双臂，怀抱着一个又一个满怀好奇的孩子；你们口干舌燥依然春风化雨一般给予孩子们开心的娱乐、用餐、睡眠。三年来，你们用专业、爱心、诚心，哺育小树苗拔节生长，让每一个孩子在荔外东附属幼儿园拥有了精彩的成长乐章。

我要向亲爱的孩子们表达最美好的祝福！作为荔外东附属幼儿园第3届毕业生，你们是荔外东附属幼儿园最美的代言人：这个校园里的每一个角落都珍藏着你们的欢声笑语，每一朵小花都因为你

孩子们健康快乐成长是学校的价值追求

们的纯真而绽放。我更记得，你们用无限的好奇和激情带领我探索着奇妙的大自然：是你们拉着我去看后门的果子变黄了，带着我爬上沙池顶看蔷薇花开了，摘一些红薯叶子编成美丽的项链送给我……还有你们创作的那些令人惊叹的艺术作品、自信自主地参与的每一场活动，都像耀眼的星星一样在我的记忆里闪耀光芒、韵味无穷。三年来，因为有你们，我们沐浴着教育的幸福，感受着教育的成就，因为有你们，三年的岁月天真烂漫，美丽如花！

接天莲叶无穷碧，映日荷花别样红。今天，荔外东附属幼儿园第3届的宝贝们就要毕业了。真为你们高兴。

亲爱的宝贝们，祝愿你们：带着毅力和勇气，带着自信和快乐，带着期盼和梦想，朝着美好的未来，扬帆起航！

教师大会共话**聚力谱新篇**

度过轻松愉快的暑假，我们又满怀喜悦地重返校园，满怀信心地迎接新学年，见到大家开心快乐归来，感到非常高兴。我们今天在这里召开新学期第一次全体教师大会，目的就是要收心归心、调整状态，进入角色、知责负责，为高质量完成新学期各项任务开好局、起好步。

一、简单回顾上学期工作，充分肯定学校各项成就

一是国检出头彩。学校扎实准备、精心布置，圆满完成迎接教育部组织的"优质均衡"检查，为福田区教育教学品牌建设做出了积极的贡献，奠定了我校在福田区小学教育领域的排头兵地位，对促进学校发展具有深远意义。

二是教学增光彩。我校为提升教师的专业素养，深度参与了集团牵头发起的"七彩树"教师专业发展共同体建设，实行双导师制，培养了一批优质教师资源。同时我校定期开展全学科教研活动，通过现场观摩、当堂点评、交流讨论等系列教学活动，不断强化老师对教学内容处理、教学方法选择、教学流程设计、教学媒体使用等方面的实际运用，切实提升教育教学水平。学校老师在区级、市

级、省级比赛中表现优异。

三是校园绽新彩。强力推进学校与区直相关部门共建花园式学校，为校园的软硬件提档升级，积极呵护用心建设校园。我们定期检查校园基础设施，提质翻新操场跑道，维护完善校园道路，推动改造羽毛球馆，种植花草和小小农田，实现校园即花园的美好图景。同时，落实各班班级文化特色建设，把牢校园周边环境监控，认真规范落实学生上下学秩序和路线安全，严格执行学校食品安全和消防安全检查，为学生健康快乐成长保驾护航。

上述成绩的取得，是全校教职员工齐心协力、创新进取、辛勤工作、无私奉献的结果，凝聚着大家共同的汗水、智慧。

二、正确看待存在问题和不足，创新举措谱写学校发展新篇章

虽然学校成绩斐然、亮点纷呈，但是，我们面临的问题、困难依然不少，各种挑战依然存在，需要我们正视问题不回避、化解困难不退缩，更加尽心尽力、尽职尽责才能保障学校持续稳定发展。

在此，我还想起了前不久王巍局长在一次讲话中提出了不少值得深思的问题。王巍局长说，你所承载的教育使命、教育责任如何走？我们的数字转型到底如何转？利用人工智能如何助力教育发展？如何基于问题进行差异化的培养孩子？王巍局长强调，人工智能的到来对教育的冲击是最大的，如果说我们现在不去思考，不去转型，不去换赛道，那我们一定是落后的。王巍局长还指出，福田教育的生命价值教育如何构建，如何减轻孩子负担，如何让孩子感觉学习有趣，如何让孩子感觉我的生命是有意义的，我们要有更大

○ 福田区荔园外国语小学（香蜜湖）学校标牌

的目标、更远的志向等，非常给人启发。

总之，新学期、新任务、新要求，需要我们着眼长远、着眼未来，用修养约束自己，用学习丰富自己，用责任淬炼自己，努力锻造未雨绸缪、见微知著的本领和能力。

一是相互包容，和谐共处，保持积极向上的美好心态。相互包容才能集聚合力，和谐共处才能持续长久。一要增强科学性。按照学校和上级要求狠抓精细化管理，做到事事讲规矩有人抓、时时讲规范有人管。二要注重人性化。一方面不死搬硬套走形式，能为老师解决问题的一定落细落实，将标准化和人性化高度统一。三要营造好氛围。加强个人修养，保持阳光心态，识大体顾大局，共同营造一种想事谋事干事成事的、令人舒心的工作好环境。

二是增强本领，遵规守矩，构建品质优良的职业队伍。教育是国家大计、党之大计。要严格遵守法纪法规和职业道德，用现代文明精神和理念规范武装、约束自己，健全人格、丰富精神。一要讲人本。让人文关怀贯穿教育始终，尊重、关心、爱护每一个学生，以对学生负责之心，为其人生之路打下坚实基础。二要讲学习。教师的职业属性决定了我们必须要加强学习、提高水平，特别是互联网时代，形势日新月异，变化层出不穷，唯有不断学习、勤于学习、善于学习，才能跟上时代步伐。新学期里，要认真践行教育前沿的新理念、新技术。三要讲规矩。学校有数百学生和老师，学校工作是一个系统工程，既要统筹推进、按部就班，又要张弛有度、收放自如，就必须有规矩守规矩，规矩是党纪国法、规章制度，也是职业道德、言行规范，我们要自觉遵守，有令必行，服从安排，特别是必须知敬畏守底线，不能越红线、触碰高压线。

三是守土尽责，担当作为，开创学校发展的崭新局面。学校发展，人人有责。责任心是对自己和他人、对家庭和集体、对社会和国家所负责任的认识、情感和信念，以及与之相应的遵守规范、承担责任和履行义务的自觉态度。一要有浩然正气。坚持公平正义，敢于和自私自利、不良行为作斗争；遇事不推诿，甘于责任上肩出成果。二要有蓬勃朝气。学校新进的年轻老师，都是风华正茂、恰同学少年，处处洋溢青春的气息。我们要不负韶华，展现年轻人的朝气锐气勇气，这个时代躺平不可取、躺赢不可能，幸福是奋斗出来的。三要有智慧灵气。不论管理还是教学岗位，都要有当专家的理想追求。因为热爱，所以坚守。教育工作一年复一年，重复劳动，不好保鲜，只有热爱坚守、不忘初心、创新创意，用更多的智慧和灵气赋能教育教学和管理，我们的工作才能彰显新的活力和光芒。

时间向前，我们向上，未来向好。

愿所有的愿景和期待如期而至。

时光不会倒流　常反思明得失

又一周过去了。学校老师团结协助，代课补位，有条不紊地各司其职，各守其岗，各尽其力，共同保证了学校各项工作顺利开展。

时光不会倒流，反思可明得失。分享4点体会，一起协力向前。

一是要思所得，扬长处。满意与成功之处切勿忘，日积月累持之以恒，归纳提升，固化成果，教学教研教管能力自会提升。

二是要思所失，汲教训。相互补台，一起上台。互相拆台，一起下台。学校是个大集体，要多反省自己还有什么做得不够好，为人上少点自私自利，多点襟怀坦荡，教学上少点将就凑合，多点精益求精。唯有这样，生活才会多温馨，工作才会少烦扰。

三是要思所疑，深探究。学生家长同事的疑问要知其所以然，应其诉，成共识，同成长。切不让疑问成为问题，让问题成为难题，让难题影响全局。

四是要思所变，展新貌。教师是个需要重复工作的职业，时间久了，难免缺少活力与激情。时代变了，学生变了，唯有主动创新才可以不变应万变。期待大家一起，总结出更多教学规律，创造出更优教学方法，设计出更佳教学课例。

给时光留下 记忆

每每写下"周末驾到"这几个字，就知道忙碌的一周过去了。

坚持写周末心语，是一种希望，不仅写给大家，写给家长，也是写给我自己的。我期待通过总结一周最重要或是最值得一说的事情，谈谈自己的感受和思考，给时光留点记忆，为前行存点动力。

由学校德育处牵头，开展了一年级新生一日常规及小幼衔接的

作者在韶关支教时和孩子们在一起

验收。每年的一年级新生入校我都有很多感慨。看着孩子们人生中第一次背上书包开启学习之旅，走进新环境，有了新老师新同学。我也时常想起自己孩子上学的情景，想起在校门口迎来了一届又一届新生的情景。

年年岁岁花相似，岁岁年年人不同。对孩子们来讲，这是一个全新的开始。在学前期，幼儿园的学习以游戏活动为主，寓教于乐，活动内容丰富多彩，孩子的兴趣容易保持。入小学后，学习和学业负担加重，孩子们很容易产生各方面的不适。本次验收结果还是很不错的，荔园外国语小学（香蜜湖）小一新生，通过一个月时间的学习，都取得了明显进步。

我们看到，在课前，各班学生都能做好课前准备后静息，安静地等待老师来上课，实现了入班即静。

我们看到，在课堂，各班学生都能坐姿端正，思维活跃，答题积极，书声琅琅。

我们看到，在课后，各班学生都能按照要求整齐排队，井然有序走出校门，跟老师道别后离校。我们还看到，孩子们学完了英语26个字母、学会了数数和10以内加减法、学会了正确使用铅笔学会了校歌手语操、学会了眼保健操等。

这份进步给人启迪，这份进步让人欣慰，这份进步催人奋发。为了让孩子爱上学习、懂得学习轻松度过这关键一年，在今后的学习乃至人生之路上行稳致远，在前期取得成绩基础上，还需要关注以下几点。

一是要循循善诱，引导孩子度过情绪躁动期。及时一对一做好交流沟通和疏导，帮助孩子培育兴趣爱好，积极参加集体活动，养成阳光心态。

福田区荔园外国语小学（香蜜湖）学校
在有限空间为学生创造优质校园环境

二是要孜孜不倦，培育学生良好学习习惯。指导家长做好三件事：制定一个学习时间表、创造一个学习好环境、议定一个生活作息表。

三是要谆谆教导，帮助家长消除焦虑心态。幼小衔接阶段，少数家长焦虑感很重，孩子成长需要学生家庭学校三方发力，老师有责任给这一部分家长提供一些正确的教育办法，帮助他们尽快走出焦虑状态。

教育者，非为过往，非为现在，是为将来。孩子们就是家庭、社会和国家的未来，让我们一起努力吧！

香蜜湖畔　水木年华

　　今天真好，12月31日，恰逢周末，又是2022年最后一天。打开窗户，阳光明媚。此刻，有万千思绪需要捋一捋。

　　回望2022年，艰难与奋发同存，挑战和收获同行。一个又一个问题难题，或突如其来，或沉存已久，好在我们有坚韧恒久的勇气和毅力，一路陪伴，风雨兼程，攻克难关夺取胜利。我们同心同向，我们同舟共济，交出了一份精彩答卷。

　　学校顺利完成了各项教育教学工作，改善了办学条件，提升了设备设施，经过一年多努力，校园围墙、操场、羽毛球馆、"共建花园"式学校改造项目等都顺利完成，创造了更加优良的学习环境。学校抓教研、结硕果，先后荣获了省市区等不少荣誉。

　　这是令人难忘的非凡时光。这是荔园外国语小学（香蜜湖）的崭新篇章。

　　回望这一年，我们始终充满信心。相信学校，相信师生和家长，相信我们自己，相信所有的困难都会跨越，相信风雨过后终见彩虹。这份信任给了我们无穷力量。

　　回望这一年，我们坚持团结奋斗。只有人心齐才可泰山移，只有众人拾柴才会火焰高。这些朴素的道理，我们努力践行。大家多为学校利益着想而少计较个人得失，大家多为同事补位而不让任务

美好祝福送给您

旁落，大家多为学生劳力费心而甘于自乐其中。凡此种种，不胜枚举。其情其义，永载心间。

回望这一年，我们永葆创新活力。教育教学上，我们把理念更新，跟上时代步伐，将课程标准的连续与发展，融入跨学科项目式学习的时代元素。以核心素养为导向，探索激励学习和改进教学评价，把促进信息技术与课程融合等最优方法广泛应用于课堂内外，促进不同学段学生苗壮成长。我们与孩子们青春的气息同频共振，与孩子们少年的容颜一起绽彩焕新。只要走进校园，眼里便只有美好与童趣。

莲花山下，芬芳四溢。香蜜湖畔，水木年华。新元肇启，岁序更新。在回望中我们一起走向未来，在憧憬中我们一起共谋幸福。

真诚祝福大家：前方光芒万丈，身后温暖如春。

班主任要强化三种能力

学校召开班主任专题会议，全体班主任、学校行政、各年级组长参加。大家集聚一堂，探讨交流、各抒己见，共襄班主任工作和学校发展大计。其乐融融，其言切切。

班主任是记忆含量很重的一个词。很多人参加工作多年后，还会记得小学、中学时期班主任的名字，足见班主任的影响力是很强大、很久远的。从小学教育学角度来看，班主任是小学日常思想道德教育和学生管理工作的主要实施者，是小学生健康成长的重要引领者。我也深刻感受到"班级要出彩，全靠班主任带"。学校里，可以说最忙碌的人是班主任，孩子们的学习、生活、思想动态、家庭情况等都系在了班主任的心上和身上。在会上，我发自内心地代表学校向全校班主任的辛勤劳动和无私奉献表示了诚挚的谢意。

迈进新时代，需要新作为。快速发展的经济社会、日新月异的科技进步、日趋多元的教育需求，倒逼着教育工作者只有革故鼎新、担当作为才能适应新时代新需要。班主任工作也一样。怎样才能成为一个新时代的合格班主任呢？除了基本的学科素养、职业道德，个人认为还应该具备以下三种能力。

一是具备较强组织管理能力。现代教育内容丰富，形式多样，班主任需要根据学生身心特点，立足学校班级实际，摒弃传统管理模式，科学组织教学活动，在语文素养、数学思维、英语特色、综合创意、思辨能力等方面创新出彩，做到一班一特色。同时，注重发挥民主作风，尊重学生人格，甘做学生师友，只有这样才能树立起班主任威信，不断增强班级凝聚力。

二是具备较强沟通协调能力。班主任是学生与学生、教师、家长、学校、社会之间的联系纽带，要借鉴学习先进的班主任管理方法与理念，不仅善于做校内的学生工作，还要善于协调校外的各种社会关系，整合资源，化解矛盾，为学生健康成长营造良好氛围。

三是具备较强情绪管控能力。班主任要充满爱心与智慧，自觉增强对班主任工作的认同感和归属感。班主任工作有时会非常劳累，遇到意想不到的情况或复杂的棘手问题，情绪容易受影响，越是这种情况越是要冷静客观地分析问题，实事求是地解决问题。要保持好长久的耐心，真心对待所有孩子，善于发现孩子优点，让每个孩子感受到老师的关注和关爱。

班主任工作是一门艺术。面对渴求知识、充满好奇、正在成长的孩子们，班主任的一言一行，都在潜移默化地影响着他们的现在，映照着他们的未来。愿我们勤修内力、永葆师范，不忘初心、同心同向。待到桃李满天下、春晖遍四方，孩子们一定会记起我们的名字，为我们点赞。

校园安全要时时放在心上

　　最近一段时间，在内地几个城市发生了数起涉及幼儿园和小学学生生命安全的事故，其场面令人心碎，其后果令人痛惜。前车之辙，后车之鉴，其教训十分深刻。香蜜湖街道和区教育局都召开了安全专题会议，我校行政也召开了安全会议并对各项安全条例进一步完善措施，将其落实到位。同时，我校结合以"我支招，你接

● 福田区荔园外国语小学（香蜜湖）学校运动场焕然一新

力"为题发布的交通安全知识宣传视频，认真组织学习，大家获益匪浅，触动很大，进一步念紧了安全教育的"紧箍咒"。

交通安全知识宣传视频主要包括步行、骑行、坐公交车方面的安全知识。比如，告诫学生走路要走人行道；没有人行道的道路，要靠路边行走；在斑马线处穿越时要有"一停二看三通过"的良好习惯；视频还特别告诫家长接送孩子时要遵守交通规则，不在门口、马路中间停留，保证道路畅通等。内容丰富，形式新颖。学校是公共场所，学习是集体生活。除了交通安全，学校还有食品卫生、用电防火、建筑空间等多个领域的安全，方方面面，点点滴滴，安全的警钟要时刻响起。

生命是世上无可比拟的财富，一失百无。要敬畏生命、敬畏安全，在学生们幼小的心里播下安全的种子，帮助他们去收获祥和、幸福、安宁的人生果实。

要增强安全防范意识。坚持每周一课，以班级为单位，班主任牵头，调动学生从媒体和生活中收集真实素材，通过实例展现、讨论交流、主题演讲等形式，帮助学生提高安全防范意识，珍爱珍惜生命，在学习生活中防范安全事故。

要提升自护自救能力。可以邀请校外专业机构送课进校园，进行交通、消防、人身、财物、饮食等安全课程讲授和技能培训，帮助学生掌握基本的安全防范、安全自护和安全自救知识。

要聚力建设"平安校园"。安全是一切工作的前提和基础，没有生命，就等于失去一切。老师、学生、家长要共同为校园平安贡献力量，努力做到人人有意识、人人负责任，平时以防为主，关键时监督到位，必要时挺身而出。

平安永在，幸福之本。珍爱生命，安全第一。愿我们谨记。

这一学期 我们相互铭记

　　又要放暑假了。非常欣慰的是，我和学校全体同仁一起度过了又一个紧张而忙碌的学期。

　　一直觉得，大家能够在荔园外国语小学（香蜜湖）一起工作，既是缘分使然，也是幸福所在。学校的发展与进步离不开每一位教职员工的努力和付出。我们互相成全，我们互相感恩，我们互相

● 幼儿园工会活动合影

铭记。

学校成就值得肯定。这学期我们圆满完成了各项教育教学任务，特别是出色完成了教育部牵头开展的优质均衡全面迎检阶段性工作和国测省测相关工作。全体教职员用精益求精的态度、守正创新的举措、令人称赞的成果，为学校争了光，为福田添了彩。在这个学期，我们还协助完成了来自广州、湖南、广西等地的多个跟岗团的来访学习。他们把香蜜湖的风景与教师学生的风采带到了更遥远的地方，他们把学校多年沉淀的教育方法与教学心得带到了更辽阔的世界。

师生硕果值得肯定。通过"教育大家谈"，我们学习到资深老师的先进经验与年轻优秀老师新颖的教学观点。新老教育思想与教学心得交汇碰撞，不断优化升级，融聚成学校独有的教学特色与教育底蕴。通过"阅读思享会"和"班主任论道"，我们体会到老师们在分享与整理中内省互鉴，形成属于我们老师自己的培养与进步体系。通过参与省市区多项比赛，我们感受到老师和学生收获颇丰，展现了荔园外国语小学（香蜜湖）人的素养与能力。

家校联动值得肯定。"家长讲师团进课堂"充分发挥我校优秀家长示范作用，让孩子们接触到课外更加专业且新颖的学习资源，增长见识，提高认知，开阔眼界，感受到了经济、金融、科技等行业日新月异的变化，同时也增进了家校沟通，培育了家校感情。这学期还举办了春季家长会并进行了新一届家委会的选举，这些举措将进一步巩固学校与家长之间的友谊和信任。

由此，我深刻感受到——

这学期，是经历风雨、团结奋进的一学期。全体教职工砥砺前行，栉风沐雨，艰难显勇毅，磨砺得玉成。

○○ 开展"三八"妇女节活动

这学期,是坚韧不拔、勇创佳绩的一学期。无论困难多大,我们都选择让梦想照亮前行路。务实创新、勇于担当的中层干部,任劳任怨、无私奉献的教师团队,怀揣梦想、刻苦求学的莘莘学子,共同创造了赓续传承的可喜事业。

这学期,是担当作为、彰显价值的一学期。教师联系着历史和未来,呈现出巨大社会价值。教师们的职业心态越来越沉稳,职业姿态越来越有格局。我们要好好好珍惜这一切。

成绩属过去,未来才开始,让我们好好迎接吧!

"兵马未动"而"粮草先行"

　　"兵马未动"而"粮草先行"。对一所学校而言，后勤保障是学校稳步前进的基石。高效的后勤保障，可以让师生省去后顾之忧，确保学校平安有序，大力促进学校发展。

　　学校总务处整理了开学以来所做工作，高达10多项。如：确保校园干净整洁，完成校园绿化维护换新；安排物业人员冲洗走廊地面、楼梯、运动场，清除卫生死角，并聘请专业机构进行校园灭"四害"消杀；确保生活设施健全，聘请专业机构对全校空调设备进行清洗、消毒；对饮用水设备进行维护，更换滤芯，取样进行饮用水检测保证合格；对厨房线路安全隐患排查整改，利用国庆假期更换线路和部分灯具电器，清洗厨房油烟机、消毒冰箱、储物柜以及教师和学生餐具；确保教学设备完备，利用国庆期间更换二、四、六年级新课桌椅，将旧桌椅和其他报废物资进行拍卖清理；检测教学设备及时维修更换；由于本学年学校由24各班变为25个班，特向教育局申请生均经费和扩班经费；为迎接国家义务教育优质均衡检查，组织后勤和安全人员进行培训；台风停课期间进行校园巡查，及时排除安全隐患，确保校园财产安全等，事情杂而多，成效很明显。

　　学校后勤工作虽然还有不少值得改进地方，但是，长期以来，学校后勤人员以优质的服务、热忱的态度、良好的形象、规范的工作，为学校各项工作顺利开展保驾护航，打下了坚实基础。

学校后勤工作是学校工作的重要组成部分，具有牵一发而动全身的特性。做好后勤保障，还需要注意以下几点。

要有高度责任感。高度事业心和责任感是干好后勤工作的基础。学校总务肩负着管理学校的重任，后勤人员要以为学校教育教学提供优质服务为己任，自觉爱岗敬业，甘心脚踏实地，勤勤恳恳为教育教学服务，为全校师生提供优良的物质条件，确保学校教育工作井然有序开展。要树立大局观念，想教育教学之所想，急教育教学之所急，对待师生要热情、真诚，做到有求必应、服务到家。

要有完整计划性。学校的一切工作都是为了学生。教师后勤保障工作至少要有一学期、一学年的工作目标。学校根据实际制

⬤ 福田区荔园外国语小学（香蜜湖）校园美景

定出学校事业发展规划、计划，后勤管理部门要以学校发展规划为蓝图、以计划为目标，分步实施，合理分工，职责清楚，讲求实效，而不能问题来了临时抱佛脚。完整计划性还体现在后勤工作要有超前意识，经常深入实际，全面了解校情，了解师生存在的实际问题，积极主动地为教师和学生排忧解难。

要有较强执行力。强执行力来自高素养。学校是一个教育部门，中心任务是"教书育人，服务育人，管理育人"。作为服务者，学校后勤人员要不断加强学习，提高自身素质。随着教育形势变化和基础教育改革不断深入，特别是现代化教育手段蓬勃发展，如果后勤工作者还停留在过去的老思路和旧做法，就不能适应新形势新需求，甚至在工作中拖教学后腿。后勤人员既是服务者又是教育者，后勤人员是不站讲台的老师，需要具有较强的师德意识和师德水平，要充分利用和学生接触的机会进行爱校教育、劳动教育、爱护公共财物教育、艰苦奋斗教育，努力给学生们展现不懈进取、奋发向上的榜样力量。

学校后勤工作是保证学校教育活动正常开展的关键一环，是促进学校健康稳定发展的必要条件。期待学校后勤工作更上一层楼，为全校教育教学和管理工作高质量发展贡献更大力量。

安全营养　健康成长

学校举行了两大活动，即"学校教育大家谈"、校级家委到校了解学校食堂情况并到教室和孩子们一起陪餐。"大家谈"是继家长会之后的一次经验分享，相关老师精心准备，深入发掘所在学科的最优教法，令人印象深刻。这项工作在学校已经常态化开展，对提高和巩固办学质量大有裨益。走进食堂检查并陪餐活动是校级家委的第一次活动。

食品安全无小事，自己尝过即知味

一位家长在活动结束后，发了一条陪餐感受的信息："把食堂办好是非常之难的，其中又以办好学生食堂为最难，自营+监管+试吃+陪餐，可谓是好食堂的一面旗帜。没有重油重盐，热乎乎的，很有家常菜的味道。通过今天的陪餐和交流，感受到的是学校老师对学生午餐的用心、用情和用爱，孩子们是幸福的，也是幸运的。"

非常感谢家长的褒奖和信任。不敢说荔园外国语小学（香蜜湖）食堂是好食堂的一面旗帜，但是我们为之付出的真心、用心和匠心是厚实可鉴的。

真心源自职业所在。食堂管理是学校工作的重要组成部分。根据福田区教育局印发的《福田区教育系统义务教育阶段公办中小学食堂自营指导方案（试行）》，学校在集团领导下，立即召开工作会议，认真研读文件要求，部署落实自营事宜，成立食品安全管理团队，创立了"校长负责、总务处分管、专人管理、各方监管"的自主经营管理模式。同时为加强组织领导，保障学校食堂自营工作顺利推进，学校将行政、党员教师、班主任等纳入食堂自营专项工作小组，负责统筹协调食堂自营各项工作，形成了自上而下一体推进、部门联动协同监管的食堂管理机制，为学校食堂有序运行奠定了坚实基础。

用心源自关爱所在。学生走进学校，除了学习，还有一件大事，就是长身体。身体要长好，离不开好餐饮，好餐饮的首要标准是安全。学校食堂每天有教职工和学生共600多人用午餐，学校制定了系列规章制度规范食堂经营，如食堂卫生安全、食品安全管理、餐具用具清洗消毒、食堂试餐和陪餐、加工管理、食品留样及自查和督查、餐厅管理及餐厨废弃物处理等制度，并严格落实到

○ 为学校聘任食品安全副校长

位，用制度管人管事。学校还聘请第三方专业机构即市计量质量检测研究院，为学校食堂进行食品安全技术提升指导服务。竭力而为的系列做法确保了学生用餐安全。

匠心源自理想所在。家长把孩子送进学校，满怀着浓浓的期许。作为老师，我们也希望自己的学生拥有丰富的知识、健康的体魄，早日成为有用之才。老师们是教学者，更要充当孩子们生活上的服务者，在保证孩子们翱翔知识天空的同时，保证让每一位孩子吃好、吃饱。根据上级要求，学校积极开展学生营养餐推广工作，依据福田区教育局发布的学生营养膳食指南，详细制定周一至周五的营养菜谱，在集团网站和学校午餐午休管理群进行公布。同时，每天由食品安全管理员联系教师代表，对食堂食品安全卫生、食材加工、午餐运送进行监管。安排行政及老师代表参与试餐、陪餐，并做好台账记录，反馈试餐陪餐情况，督促食堂优化服务，做到及时发现问题，督促整改问题。一直以来，学校食堂都没有预制菜，所有食材都是前一天采购，做出的饭菜也是在规定时间送到学生手中。为了保证饭菜温度适宜，学生饭盒用的是双层饭盒，从食堂出来，全程转运用的也是保温箱。荤素汤果牛奶搭配合理的标准餐饮，为学生提供了丰富新鲜的健康饮食。

7~13岁少儿处于小学阶段，正值身体生长发育关键时期，每天保持合理的营养饮食格外重要。今后工作中，我们还要将营养知识纳入学生教育内容，在教学计划中安排一定课时的营养知识教育，使学生懂得平衡膳食的原则，从幼年开始培养良好饮食习惯，做到定时定量、少食多餐、珍惜粮食、不挑食不厌食、多吃水果和蔬菜、注意加强运动保持体重等，助力孩子们健康成长。

民以食为天，食以安为先，安以质为本，质以诚为根。一位家长说："今天我跟孩子们共进午餐，大家有序领餐，安静吃饭，今天有土豆排骨、水蒸蛋、茄子青菜、白米饭，还有餐后水果香梨，旁边的同学都光盘了，不够的还可以去添加，这一顿饭后，我最大的感受就是安心了。"

让学生和家长安心，是最好的评价和褒奖。只要真心、用心和匠心能够换来安心，我们所有的付出就都是值得的。安心才能心安理得，安心才能踏实放心，安心才能行稳致远。

岁月流转又一春

　　时序更替，华章日新。春风和畅，拂过香蜜湖面，泛起阵阵涟漪。

　　学校即将开始放寒假了。似乎是眨眼间，又一个学期过去了。我们携手相伴，共同走完了又一段美好的教育旅程。

　　这一学期，学校事业蒸蒸日上，我们的信心倍加坚定。

　　全体行政和老师树立行深致远的目标，坚持昂扬奋进的斗志，牢记综合发展的使命，为学校发展交出满意的成绩单。我校获评第九届深圳教育改革创新大奖教育高质量发展示范项目年度奖，当选深圳市中华诗教第三批试点学校，获得深圳市中小学摄影大赛组织奖。学校与香港九龙湾圣若翰天主教小学、香港冯晴纪念小学正式签约，缔结成为姊妹学校，这是推动粤港大湾区教育交流合作的重要举措，我们将抓住新的机遇，同心同向而行，开展更多促进深港两校学子的友好交流活动，共同谱写两地教育的新华章。学校还与四所幼儿园签约成为幼小衔接结对校，从下个学期开始，丰富多彩的幼小衔接举措将有计划、有步骤地推进、落实。学校通过各方努力，这学期追加了办学经费，用于包括电脑室、美术室、五楼多用活动室改造、架空层改造、扩班设备、操场增添液晶大屏幕等基础设施设备改善。假期里面学校还会有一

些提升项目的施工，待到新学期，校园面貌将更加美丽。

这一学期，全体学生成长成才，我们的收获鼓舞人心。

学校重视学生素养培育。学子在"自然生长"的教育理念指引下，积极参与行走的思政课、语文素养月、综合创意月等活动，取得区市级多项荣誉，在文化课相关比赛、体育比赛以及综合学习课程上，展现自我，为校争光。学校重视学生身体健康。除开齐开足体育课及开展丰富多样的阳光体育活动外，主题为"一起运动向未来"的田径运动会是这个学期的一次盛会，在全体行政、全体师生的共同努力下，我们收获了一个别开生面又意义非凡的运动会开幕式。我校体育健儿，也屡获佳绩，在福田区第三十四届中小学生田径运动会上取得重大突破。这些都让我们共同见证了学校教育事业的繁荣向上。

这一学期，教师队伍英姿飒爽，我们的底气愈发充足。

艺高为师，德高为范。这学期全体老师不断加强自我学习，提升学科教学水平。举办青年教师赛课、教育思享会等主题活动，定期开展且持续优化的常规教研活动，取得了长足进步。比如，心理学科组获评福田区优秀教研组；语文科组曾玉梅老师主持的"阅思索阅"获评区品牌课程培植对象；数学科组林晓敏老师主持的"生活智趣数学"获评区品牌课程培植对象；赵晓寒老师在2022年广东省中小学教师信息技术应用能力提升工程2.0典型案例评选中获评市级优秀案例；尹少启老师在2023年第二十四届深圳读书月福田"诗词进校园"活动中获"诗教论文比赛"一等奖。学校取得的各项成就，特别是学生们取得的优异学业成绩和丰富的课外活动成果，离不开每一位老师深厚的专业素养、动人的敬业精神作支撑。拥有一支优秀的教师队伍，是学校教育教学和管理工作出新出彩的根本条件。今后工作中，学校将着力构建落实立德树人根本任务新生态新格局，以教育家精神为引领，强化高素质教师队伍建设，助力每一位老师，努力争做贯彻党的教育方针的执行者、行动派、实干家。

忆往昔，春风化雨，桃李不言，下自成蹊。我们坚持提升巩固办学质量，在内涵式发展道路上步履坚实，教书育人、立德树人的成效令人欣喜。

展未来，生机勃发，香蜜湖畔，再创佳绩。因为有追求，我们满怀激情；因为有目标，我们只争朝夕；因为有梦想，我们奋楫笃行。

健康视界呈现美好人生

　　学校组织全体学生进行了视力筛查，除少数学生因近视、远视、散光等原因佩戴眼镜进行矫正，以及个别学生出现眼睛炎症需要治疗，本校学生整体眼健康处于正常状态。

　　眼睛虽小，却可以把五彩缤纷的世界收入其中。在学生成长过程中保持眼健康非常重要，良好的视力和眼健康不仅可以帮助学生更好地学习和参与各种活动，还对他们的整体发展和生活质量有着深远影响。学生在学校大部分学习都是通过视觉进行的，如看黑板、读书和写作业等，如果学生视力出现问题，将无法清晰看到黑板内容，导致学习效果下降，进而影响他们的学业成绩、学习兴趣。学生在学校参加体育运动或者户外游戏，也需要有良好的视力和反应能力，如果视力不佳，就可能无法准确看到远处目标，甚至在运动中受伤。因此，学校和家长朋友们要充分认识到学生眼健康的重要性，并采取相应措施来保护眼睛。

　　长期以来，我们学校一直高度重视学生眼健康。学校定期组织学生进行视力筛查，一学期一次，及时发现学生的视力问题并进行干预。学校更换了新式可调节、匹配适合学生身高的课桌椅，在教室张贴课桌椅测量尺，改善环境采光和教室灯光照明。学校还加强眼操管理，加强日常对学生坐姿和用眼习惯的监督，教育学生保持正确坐姿、看书和写字姿势，避免长时间低头或弯腰看物。加强午托睡眠管理，调整课程安排确保学生每日有足够的阳光体育活动时间。同时还加强护眼健康宣传，开展家校联动，通过健康广播、班会主题讲座等介绍护眼知识。这些举措，对保护学生眼睛起到了一定作用。

有人说，眼睛总是那个最优秀的神秘艺术家，通过它，我们可以看到世界的真实和美好。为了促进本校学生更好保持眼健康，老师和家长们还要做好以下工作。

一是引导学生避免过多使用电子产品。手机、电脑、电视等尽量不要玩，学生如果必须使用，每次不超过30分钟，而且屏幕越大越好，把字体放大、距离放远。

二是鼓励学生保持足够户外活动。每天做好眼保健操，每天至少要进行一个小时以上的有氧体育活动锻炼，一周保持十小时以上。

三是教导学生保持正确姿势。严格做到三个一，包括胸口离桌子一拳、眼睛离书本一尺、握笔的手到笔尖是一寸。

四是帮助学生保证营养均衡。自觉做到不挑食、不偏食，少食糖类，合理摄入足够维生素 A、B 类，这对眼部代谢有很好促进作用。

五是安排学生做好定期检查。定期去医院检测，如果出现近视、远视和散光等情况要及时干预或治疗。

眼睛是人类最重要的沟通载体，它携带着所有的感情和话语，向世界传递出人性中最美好的部分。祝福学生们拥有一双明亮闪烁、神采奕奕的眼睛，阅尽人间繁花。

未来小学之设想

　　教育必须面向现代化，学校必须面向未来。著名哲学家、教育家杜威指出，今天的学生和老师不生活在未来，未来的老师和学生将生活在过去。未来学校既要鼓励别具一格的个性化创意设计，又要结合实际情况保证可落地实施。本人认为未来10—20年的小学应具备如下特点。

一、未来小学的主人，要充满人文气质

　　老师和学生都是未来小学的主人。一方面，老师要具备坚定的政治立场和精湛的学科素养。政治素养是老师综合素养的核心素养，只有具备了过硬的政治素养，才能将坚定的政治立场、正向的价值观念、高尚的道德理念传递给学生，促进学生全面发展。在社会转型升级、文化多元碰撞背景下，传统道德观念不断被冲击，每个老师都要严守师德，模范遵守国家的法律法规和学校的规章制度，做到以教师身份为荣，以教书育人为己任，将正确的道德认知、自觉的道德养成、积极的道德实践融入日常生活、网络社交，矢志追求更有高度、更有境界、更有品位的人生。同时，教师要时时加强学习，既有精深的专业知识，又有广博的多学科

深圳高级中学南校区领导来我校考察交流

知识，及时掌握现代化教育教学技术和手段，并把它们运用到教学实践中。另一方面，学生精神面貌要更加朝气蓬勃，积极向上，心态阳光。通过正面的鼓励、期待、欣赏和赞美，帮助广大学生树立或找回自尊自信，养成积极乐观、诚实可信的态度，树立正确的人生观、世界观。通过挫折教育磨炼学生心理承受力，让他们学会面对失败，增强面对现实的勇气，对社会、对人生、对世界万事万物保持正确的认识，做到冷静而稳妥地处理各种问题。

二、未来小学的教学，要实现教学相乐

小学生对娱乐和快乐具有天生的喜爱。教师的教不能只是教会学生掌握知识、技能、技巧，获得智力发展，更应是一种长时间的师生互动的信息交流。同时，师生之间要建立良好新型关系，

教师具备宽容和开放的心态，师生相互尊重、相互信任、相互理解，每一个学生都受到关爱。实践证明，积极的信息交换、角色转换等多维互动模式都会呈现出好的教学效果。教师不仅只是传道授业解惑者，更应该是学生心灵上的倾诉者，学习上的好朋友，生活上的大玩伴。未来教学中，教师的这个属性会被更加强化。为了实现这个目标，教师的教就要真正做到春风化雨，润物有声，以一个激情饱满的心胸去感悟学生，奉献学生。比如，创设快乐课堂，围绕课程标准，挖掘快乐元素，激发学生兴趣，让有限的课堂时间变成无限的快乐时间。本人曾参加了深圳市教育局组织的第十一期教师赴美培训，在纽约市圣文森山学院进行了为期两个月的教育理论培训和中小学教育教学实践考察。通过考察学习，本人对音乐课堂快乐教学有了新认识。回国后，本人在教学中更加注重在音乐实践中培养学生兴趣、注重给予学生充分欣赏与尊重、注重用背景音乐辅助学习、注重课堂教学朴实自然，教学效果受到广泛好评。

三、未来小学的校园，要具备创意风采

除了家庭，小学生的大部分时间都在校园里。未来的校园建设一定会改变现在的大同小异的基本结构和色彩使用模式。生态环境美好、科技动感十足、节能环保凸显、信息技术功能齐全的个性化校园将备受小学生喜爱。比如，建设院落式校园，每个年级都有属于自己的院落。院子里面建筑上下"叠加"，上方是公共教室，可供学生满足资料查阅调取、复印打印、影视娱乐、空间模拟等需求；下方是专业教室和办公空间，教室里面各种现代化

设备一应俱全、使用便捷。建筑空间与外部庭院内外交融，庭院植入提示学生四季变化的大树，学生在下课之后走出教室就可以立即到达相应庭院。庭院中有供他们游戏的平台、沙坑、绿植等，整个院落成为现代城市中的一片活力绿洲。

福田区荔园外国语小学（香蜜湖）
开辟"阅香、寻蜜、观湖"校园阅读区

责任督学**在路上**

　　知识是人生的灯塔，学习则是灯塔中的光源，它让我们在人生航程中始终保持清晰的方向。通过参加福田区教育局举办的第七届督学业务研修班，收获不少新知识。

　　安排科学，内涵丰富。研修中有幸聆听了深圳市督学赵青木"做一个会讲故事的督学"、深圳大学教育学院院长曹晓明"智能新技术支持下的教与学变革"、区教育局专职督学余云德"如何落实素养导向的课程方案"、区教育局二级调研员赖运添"教育督导文书写作"、中国青少年心理（人格）健康教育基地首席专家李晓云"培育健全孩子　创建幸福家庭"等核心课程。专家们教案准备很充实，既有深入浅出的最新理论，又有可以借鉴的实操案例，通过学习，更加明确了督导工作的目的、作用、要求和意义，以及工作中需要遵守的原则和标准。

　　认知增强，方向明确。教育督导是现代教育管理中一项十分重要的制度，是保证教育法律法规和方针政策贯彻落实的重要手段，也是保障教育目标实现的有效机制。通过研修，本人深刻认识到，作为政府的挂牌督导责任督学，就要肩负起这份责任，坚持围绕中心、服务大局、公道正派、求真务实的工作原则，对上当好参谋，对下做好监督指导。

本领提升，信念坚定。教育督政与督学相结合是中国教育督导制度的特色。这次学习不仅学到了许多新理念、新办法，破解了心中的一些困惑和难题，更让本人意识到做好督导工作要拥有高度的事业心，要做教育教学工作的行家里手，熟知教育法律法规，熟知督导工作流程，及时掌握当前教育教学新理念、新动态，对教育事业发展

作者获评深圳市福田区十佳督学

的前瞻性、方向性问题进行不断研究和探索。

华罗庚教授曾说：在寻求真理的长河中，唯有学习，不断地学习，勤奋地学习，有创造性地学习，才能跨越崇山峻岭。今后本人将把本次所学所思所获科学运用到实际工作之中，重点做好以下事情。

着力质量保证。牢固树立德智体美劳全面发展的正确教育质量观，把深化新时代教育评价改革情况作为教育督导工作的重要内容，积极参与、精心组织监测结果解读会、教学视导等活动，聚力分析数据、总结优势、找准差距、研究对策，有力促进学生全面发展和健康成长。

坚持以生为本。按照上级要求和安排，聚焦校园安全、校容校貌、课程设置、读物治理、物资采购、食堂管理、师德师风建

设等当前教育领域中政府关心、家长关切、社会关注的热点难点问题，精心开展随机督导或专项督导活动，进一步加大对党和国家教育政策的宣传、解读，推动各项教育政策落地生效，督促学校加强教育教学常规管理，严格规范办学行为，不断提升教育服务社会、服务民生的质量。

增强业务能力。本人将持续向书本学、向同行学、向实践学，不断提升作为责任督学的专业水平和业务能力，积极参与入校督导，针对发现问题科学提出整改意见，切实提高督导实效。常态深入教育教学一线，听取教职员工的意见和建议，真心诚心帮助他们解决困难和问题，让他们感受到组织的温暖和爱护。

教育督导是一份事业。路虽远，行则将至；事虽难，做则必成。

责任督学，行在路上。

PART 4
第四辑

交流合作

JIAO LIU HE ZUO

两地情共长存

同心而共济，始终恒如一。

近年来，香港九龙湾圣若翰天主教小学和深圳市福田区荔园外国语教育集团在胡艳芳校长和柳中平校长的总策划下，组织开展了多次校际交流活动，将两地师生情谊紧密联系在一起。

在耳闻目睹国家沧海桑田、翻天覆地的巨大变化中，大家共同领悟祖国前进的力量；在沉浸体验国家源远流长、博大精深的传统文化中，大家共同吸纳民族丰厚的智慧；在观摩讲评各显特色、精心准备的课堂教学中，大家共同分享教学相长的魅力。

这份美好记忆，一直铭刻心间。

家国情怀永不能忘。交流活动期间，大家深刻感受到，有国才有家，只有国家强大才有个人尊严。两校的发展，始终与祖国的发展休戚与共。要倍加珍惜来之不易的大好局面，为中华崛起而读书。我相信，同学们攀登"洞庭天下水，岳阳天下楼"的岳阳楼时，"先天下之忧而忧，天下之乐而乐"的忧乐情怀一定会在你们心底生根。从此后，"风声雨声读书声声声入耳，家事国事天下事事事关心"。

文脉赓续永恒传承。"中华文化行，深港品湘情"文化探访活动中，深港两地的小学生们在湖南留下了难忘的足迹。千年学府岳

麓书院"惟楚有才，于斯为盛"，让大家无比自豪。橘子洲头看万山红遍百舸争流，让大家心潮澎湃。无数历史文化名人和政治家、军事家、革命家的精神风范、卓越成就，让孩子们充满惊叹。期待今后教学中，两校在语文、思品、历史等课程中，高标准设计教学内容，让孩子们多渠道、多频次地从小接受中国优秀传统文化的熏陶。我相信，腹有诗书气自华，打好传统文化"童子功"，孩子们一定更加行稳致远。

两地互访永葆活力。在粤港澳大湾区建设的时代背景下，已经成立福田区外国语学校联盟，全力推进教育国际化是大势所趋。福田区荔园外国语教育集团与香港九龙湾圣若翰天主教小学共同策划的互访、研学等活动，搭建了一座两地交流的桥梁。借此桥梁，能够充分发挥双方在教育教学等方面的优势，在两校间交流活动中，

○● 和香港同行合影留念

博采众长，共同成长，为粤港澳大湾区发展教育贡献力量。期待这种互访成为常态，机制更加完善，以便共同营造良好的国际教育文化氛围，积极探索出合作新路径，联合开发语文素养、数学思维、综合创意及情意教育等课程，在潜移默化的教育过程里，助力两校孩子们增底气、长志气、强骨气。

值此香港圣若翰天主教小学成立60周年之际，应圣若翰天主教小学校长之邀，记下这段文字，谨以祝贺。

祝福香港圣若翰天主教小学越办越好，祝福荔园外国语教育集团和香港圣若翰天主教小学友谊长青。

家园协同**共成长**

好久不见，非常想念。想念站在校门口与家长们的会心微笑，想念走进园内听到的孩子们的欢声笑语。

莺飞草长，岸柳青青。春未央，情至切。在这样特殊的时刻，我们相约在线上，召开2021—2022学年第二学期线上家长会。虽然隔山隔水隔屏幕，但我们有共同目的——为了孩子们，为了幼儿园。

一、家园协同，共谱蜜园未来篇

大家都知道，2021年2月4日，荔园外国语教育集团成立，目前，集团下共有六所小学、四所幼儿园，荔外东附属幼儿园就是其中之一。

过去的一个学期中，在全园师生和家长的共同努力下，我园先后获得不少荣誉。幼儿园层面集团奖项有：深圳市家门口的优质幼儿园、深圳市卫生保健先进园所、深圳市5A级厨房、深圳市健康促进园银奖。教师个人层面奖项有：广东省首届教师美育大赛一等奖、深圳市福田区新教师技能大赛二奖、深圳市首届"故事老师"百强。幼儿园两项课题获批福田区教育科学院申请立项，同时幼儿园的"自然

家长会也是必修课

生长的园本课程建构研究"正在申请广东教育学会"十四五"教育科研课题的子课题，教师们先后有十多篇专业论文刊出或被采用。

成绩和荣誉属于过去，荔外东附属幼儿园的持续发展，离不开老师、家长、幼儿的共同努力。在上级部门的指导下、在集团的引领下，我和大家一起，以最大决心和热情，尽心尽力，积极工作，努力推进荔外东附属幼儿园全面高质量发展。

二、家园协同，共兴教师成长路

我们幼儿园拥有一支综合能力强、专业过硬的教师队伍，全园教师专业本科率100%，英文老师口语流利，教龄结构分布合理，老师专长特色明显。30多年来，我一直坚守在教育战线，是因为我发自内心地热爱教育工作，发自内心地愿意和孩子们在一起。只要一走进幼儿园，我就会格外精神焕发，只要一见着孩子们，我就会格外开心快乐，孩子们围着我叫我校长阿姨的时刻，是我最幸福的时刻！在未来的教育道路上，请家长们放心，我们将继续保持持续发展，把握各类机会，提升教师专业素养和综合实力，让教师教学相长，不断进步，努力打造福田区乃至深圳市的学前教育标杆队伍。

三、家园协同，共护童年好时光

幼儿园始终秉承集团"把教育做到孩子心里去"的教育理念，构建以"自然生长"的教育为内核的幼儿园课程实践，以中华文化为根，以建立和谐关系为基础，透过有序一日生活、综合主题探究、多元区域学习等形式和载体，激发幼儿内在潜能，促进幼儿身心全面发展。幼儿园将持续与家庭、社会一起创设自然、充满趣味、富有生机的一日生活环境，探索丰富的、符合幼儿生长规律和生活兴趣的课程内容，让幼儿回归真、善、美的童年时光，唤醒儿童特有的精气神，形成自然生长的向上力量，保障我园全体幼儿健康快乐成长。

四、家园协同，共绘育儿同心圆

在这个特别的时刻，我用三个"最"字来表达所思所想。

（一）最真诚的感谢，送给最可爱的人们。

人间三月芳菲始，春暖花开正当时。在老师们的带领和家长们的协助下，孩子们正在经历着一段不同寻常的成长之旅。一方面，我要向家长们表达真诚的谢意。非常感谢各位家长与我们共同努力，教育引导幼儿居家生活学习、维护身心健康。在孩子面前，虽然我们身份各异，但愿望相同，我们都在努力为孩子营造良好的学习生活环境，保护幼儿身心健康成长。有这样一批知书达理、积极作为的家长在，老师们可以安心。另一方面，我想要向教师们，致以崇高的敬意。老师们不断教研、培训，录制了科学、艺术、生活、健康等近百份课程资源，有这样一批敢于担当、勇于奉献的老师在，家长可以放心。他们都是最可爱的人。

（二）最和谐的联动，保障最健康的身心。

居家陪伴，既增加了亲子陪伴的时间，同时也带来了挑战：家长一边要关注工作，一边还要照顾幼儿的生活起居。但如果换个积极的角度思考，这是一次再次提升自我、成为更好的父母和更好的自己的机会。良好的亲子关系，和谐的亲子互动，是保障亲子身心健康的重要因素。即使宅家，希望学生们依然能养成良好的生活习惯、保持规律的作息、坚持居家锻炼。希望家长们能积极学习科学的家庭教育方法，营造良好的家庭氛围。也多学习如何与孩子们相处，多陪伴孩子运动、阅读、游戏、探究。关注孩子心理，关心孩子状态。

（三）最伟大的博爱，滋养最高尚的人格。

"书中玫瑰更芬芳，倍惜人生好时光。"博爱的胸怀、乐观的心态，将会给每一个人带来一份丰厚的回报。《流浪地球》里有一段话："起初没有人在意这一场灾难，直到这场灾难和每个人息息相关。"心存敬畏，行者所止。我们在大自然面前看到了生命的脆弱，也看到了生命的光辉。教育的终极目的是培养人格，所谓德才兼备，德比才更重要。我们要在孩子幼小的心灵里种下一颗颗爱心的种子，引导他们，也包括我们自己，更加深情地热爱生活、热爱生命、热爱这个世界。

生活，也是一种学习！保护好孩子，就是保护好未来。

风雨同舟扬帆起，乘风破浪万里航。期待风雨过后阳光灿烂时，我们相见在美丽的香蜜乐园。

家委会要"**行稳致远**，进而有为"

"绿树阴浓夏日长，楼台倒影入池塘，水精帘动微风起，满架蔷薇一院香。"初夏时节，到处散发热气，却也处处充满生机。此刻，在香蜜湖畔的美丽校园里，见到在座的各位家长朋友，非常高兴，倍感亲切。谢谢大家百忙之中，莅临学校，共襄学校发展、孩子成长大计，谢谢大家信赖、支持荔园外国语小学（香蜜湖）。

在工作中我深刻感受到，办好学校不仅需要优秀的教师团队勤奋工作、精益求精，也需要向社会、向政府、向专家借力，向我们的广大家长朋友借力。新一届家委的构建与不断完善，是孩子们健康发展的客观需要，是学校与家庭、与社会沟通交流的最好平台。今天大家欢聚一堂，应该是肩上又添了一份担子。从今后，大家都要积极参与到学校的日常事务之中，为学校的建设与发展出谋划策、添砖加瓦，贡献你们特别的智慧和力量。

一、同心同向

希望家委会团结好广大家长，让课堂教育与家庭教育相互配合，相互促进，形成助力孩子成长的正向合力，让家委会能成为家长之间结交朋友、联络感情、相互帮助、共同发展的平台。推进家委会的工作与学校的发展保持步调一致，做到"行稳致远，进而有为"。

二、联通联动

希望家委会加强对学校教育教学管理等工作的监督，积极配合支持学校的教育教学活动。既要传递家长群体的诉求给学校，也要传递学校的想法给家长，把学校的真实心声传达给家长，避免出现不必要的家校矛盾和误会，推动更多的家长和社会力量关心学校、理解学校、支持学校。

三、聚合聚力

希望家委会能始终与学校保持密切联系，共同研究学校发展和学生教育问题，创新新时期家校合作的模式、途径和方法，更好地发挥学校、家庭、社会三位一体的教育功能。积极组织、参与家长学校的教育培训活动，分享最新家庭教育理念。积极整合、拓展社会资源，为学校建设和发展提供强有力的保障和护航。

我相信，从今往后，荔园外国语小学（香蜜湖）就是我们共同的新家。

在这里，我们将一起倾听孩子心声，尊重孩子需求，助力孩子成长；在这里，我们将一起收获家委友谊，探讨家委大计，谱写家委新篇。

校友讲座满满青春能量

　　学校六年级组邀请两位优秀校友林恩彤和陈轩廷同学来校为孩子们讲座，取得了非常好的效果，感受颇深。

　　恩彤同学是我校2016届毕业生，2022年考取清华大学英语专业。轩廷同学是一年多以前毕业的优秀学生，目前在高级中学南校区初二就读。

　　听完他们的讲座，我有三点深刻印象。

　　一是洋溢青春活力。恩彤同学说小升初时期贪玩懒惰，不觉得自己是学习的料。不是学习的料如何考上清华呢？她自觉醒悟、主动求变，做到常发问、勤思考：我为何而学习？我要达到什么样的目标？有目标就有方向，没有目标才会感到迷茫。在现场，我明显感受到了恩彤同学朝着理想生活奋斗的激情和状态。轩廷同学说，当自己的努力得到收获时，那种自信由内向外而发。他的自信就是在小学阶段建立起来的，自信让他不服输，让他抗挫能力强，让他在学习和生活上更加出色。在他娓娓道来的时候，我看到了一个在篮球场上奔腾跳跃、挥洒汗水，并通过运动减压后，以更旺盛的精力投入到学习中的英俊少年，同时也看到了30多张获奖证书背后那个坚持不懈、勇毅前行的英俊少年。

　　二是推介经验管用。好习惯才有好结果，这是硬道理。恩彤同学推荐学习好习惯有六点：记作业、课前预习、课上认真听讲、错题要研究明白、制作属于自己的错题本、课后温习，特别是课上听讲要勤记笔记、杜绝课上做作业，课后温习要拿出相对固定的时间回忆今天学习了哪些知识点，每天都要复习。点点滴滴努力，日积月累，汇聚成大江大河般的丰厚汇报，清华就是她最好的礼物。我还注意到她的错题本，非常工整、全面，教科书一般的存在。轩廷同学觉得自己的成绩都有赖于小学阶段学校和家长培养的良好习惯。从幼儿园大班开始，他就养成了每天做一页计算、背一首古诗、做一些简单数学题的习惯；从小学开始，他每天中午回家吃完饭，都会利用十几分钟的时间，做几道题、看会儿书，整个小学期间各方面都非常优秀。可见，在小学阶段，孩子是否做到有计划、有规划，对其未来影响很大。

三是文本展示精彩。在现场，孩子们听得津津有味，聚精会神。两位同学的PPT文本非常精彩，结构合理，层次清晰，涵盖了自我介绍、初中高中生活、经验介绍、结束语等必要内容，都是满满的干货，而且时有金句，如：不是有天分就一定学得好，没天分就肯定学不好，努力勤奋、脚踏实地才是王道；六年级的暑假很重要，不要以为小学毕业了就放飞了，一定要充分利用等。两位同学都展现了很高的语文思维和文本材料的归纳、写作以及整体驾驭能力，值得孩子们好好学习。

会后，两位学子各自为学弟学妹们签名送寄语。

这样的讲座很受欢迎，今后还要继续，也期待孩子们从中有所获得、有所启迪。毕竟，未来的每一步，都靠他们自己。

春日相约　因爱而聚

学校成功举办了这一学期第一次全校家长会，大家相聚一堂，如同久别重逢，分外亲切。本次家长会圆满举行，凝聚着老师们很多的汗水和智慧，得到了家长们的积极配合，可以说准备充分，流程顺畅，信息丰富，让家长们感到了暖心，让老师们充满了信心。

召开家长会目的是搭建学校和家庭的互动平台，让家长了解孩子在校表现、学校教育教学安排，让老师知道孩子在家表现、家长有哪些想法和建议，进而构建家校之间信息互通、工作互推的良好局面，学校非常重视这项工作。为了办好这次家长会，老师们在教学楼走廊和每个教室门口点缀了绿植鲜花，摆放了孩子们自己设计制作的欢迎海报，海报上写着"感恩遇见，春日相约，因爱而聚"等字句。同时，部分行政和老师在校门口迎接和欢送家长们，让人整体感到温馨大气、宾至如家。

除了以班级为单位进行的交流互动活动外，我也向家长们汇报了我们对学校课程体系的实践与探索，对学校文化建设的尝试与计划，对未来学校教育的思考与展望。我想让家长们充分意识到：面向未来的小学教育更加注重培养学生的学习能力、思维能力和行为习惯。我想让家长们深刻感受到：我们一直在培养学生语言表达与交流、文化感知与理解、问题思考与解决、综合创意与表现、思辨分析与评判等未来素养。我们不仅仅只是为了学生有个漂亮的

分数。

　　会后，不少家长发来短信说，谢谢学校为孩子们创造了充满文化灵魂的学习环境，走进学校和班级感到非常亲切和舒服，老师们的用心培养和对学生的关爱令人感动。

　　家长的肯定既是褒奖也是鞭策。在以后的工作中要把家长会开得更加有效力，还需要做好三件事。一是让家长更有参与感，回归到主体地位，充分保证发言交流时间；二是对学生的评价详实有据，将学生在学校表现的优缺点全面准确知悉家长；三是深入了解家长想法，提前做好深入沟通。

　　一切为了孩子，是我们的共同目标。只有把家庭学校结合起来，形成相互协作局面，才能寻找到最佳教育方法，达到最佳育人目的。期待家长会架起家校协同的坚固桥梁，进一步赋能学校教育教学，创造出更加愉悦的氛围和条件，助力孩子们快乐学习、幸福生活、健康成长。

家长讲师团别有韵味

　　家庭是孩子的第一个课堂，父母是孩子的第一任老师。按照福田区教育局工作要求和部署，我校"家长讲师团"进课堂活动开讲了。18位家长利用班会课时间，走进不同教室，为全校学生带来了特色鲜明、生动有趣的家长堂课。内容涉及了习惯养成、品格培育、生活常识、安全防护等多个方面，学生们获益匪浅。

　　谢谢家长们。他们精心准备、倾囊相授，广范围搜集资料，多角度准备课件，全身心讲课解惑。大部分家长都足足讲了一个多小时，毫无保留地和同学们分享自己的人生经验和生活智慧。有的以人生三堂课为主题，分享"读书、入职、创业"三段经历，表达"困难不可怕、有梦就要追"的思索；有的从工程师的视野，阐述为何读书、怎样读书，引经据典侃侃而谈，展现了丰富的文学修养，让同学们敬佩不已；有的以成功企业家身份，分享经验和教训，引导同学们要做一个正直善良、懂得感恩、孝顺父母的人，朴实的语言，殷殷的期盼，恰似一堂动人心魄的思想政治课。其他还有国画初体验、法律小讲堂、声音的故事、货币发现之旅、如何成为一名医生等主题，凡此种种，不胜枚举，丰富的家长资源使家长课堂精彩纷呈，深深吸引了学生。

　　点赞学生们。他们在课堂上，认真聆听，专心感悟，气氛热烈。他们无须提醒的自觉守纪和激情互动，体现了一种积极渴望的情感认同。有同学写道："爸爸一进教室，教室里就爆发出一阵震耳欲聋的鼓掌声。""爸爸给我们上了一节课，我们个个都一蹦三尺高！""这节课真是一堂别有风趣的课呀。我在想：将来的钱会是什么样子呢？它也许会是一张特殊的卡片、一枚指纹、一份声音……"当震耳欲聋、一蹦三尺高、别有风趣这些形容词被孩子们写进感想时，我相信他们通过家长课堂已经真切感悟到，如何才能用诚心结交朋友、用贴心欣慰父母、用尊心拥戴老师，如何才能用运动强健体魄、用思考睿智头脑、用努力证明自强。

一起向未来。"青少年是家庭的未来和希望，更是国家的未来和希望。"家庭教育是学校教育和社会教育的基础和前提。组建成立家长讲师团，可以充分利用优秀家长的教育资源，建立多元、融通、互动的育人网络，营造良好社会环境，助力广大学子成长成才。同时，家长走进校园课堂，非常有益于促进家校共建，增进家长和孩子间情感。活动结束后，大家纷纷反映，这样的活动对学生求知欲望的激发，行为习惯的培养，良好品格的养成，都起到了积极的推动意义。守得云开见月明，静待花开终有时。守住一颗平常心，总会迎来光明的未来。

此时，一位作家的话语在耳边不断回响着："当清晨，我目送孩子第一次上学的身影，我心里念道，社会啊，我把孩子送给你，你会把一个什么样的他还给我呢？"

期待通过讲师团活动让更多父母意识到家庭教育的重要性，不断培养自我成长能力，促进家庭教育和学校教育、社会教育并驾齐驱，奋力向前，早日到达胜利的、幸福的彼岸。

在那里，有我们为之欣喜、为之骄傲、为之期盼的他们。

祝福献给小一新生家长

"一年好景君须记，最是橙黄橘绿时。"金风送爽、秋兰飘香的美好时节，学校召开了小学一年级家长会。从这学期开始，每一位小学一年级家长就都成为荔园外国语小学（香蜜湖）这个大家庭中的一员。

在前期，学校围绕环境适应、师生关系、教学目标、家校沟通四个方面开展了幼小衔接工作，从新生入校、进教室到常规课前准备、课堂、课间休息、放学队列等，事无巨细地安排好每一项工作。一年级全体老师的专题培训也基本完成，课堂口令、制作任务卡、练习队列等细节都有统一的标准和要求，保障孩子们平稳度过衔接期。

每个孩子都是家庭的希望，也是国家和社会的希望。在小学阶段，家校共育尤为重要，家长们应该学习掌握一定相应的教育知识，为孩子健康成长发挥正确的、积极的作用。

借此机会，和家长们分享几点建议。

家长要为孩子创造良好精神条件。要注重培养好习惯，包括学习习惯和生活习惯，比如摆放物品要整齐、整洁，学习要自主自觉，养成做事有计划、喜欢阅读、不三心二意、能够沉下心来独立思考、能发现问题分析问题解决问题，等等。要注重承担家务劳动，把自己的事情自己做落到实处。要注重家庭环境，营造和谐愉悦的家庭氛围，自觉尊老爱幼，有事能主动协商。

家长要在日常生活中全面关心孩子。少问学习成绩考得怎么样、得了多少分、有人欺负你没，多问今天有什么趣事、有什么收获、是否需要帮助、做了什么好事。要掌握爱与严的分寸，尊重孩子人格的同时，不满足不合理要求，对错误行为不姑息迁就。要时常关心孩子思想动态，随时与老师保持联系，了解孩子在校的表现以及学校对孩子的要求。同时，家长要在平时以身作则，做孩子的榜样。古人说过："其身正，不令而行，其身不正，虽令不从。"要求孩子做到，就要自己首先做到，为人处事方面成为孩子的榜样，用人格魅力感染孩子，这样，孩子才会信任你。

　　家长要积极参与构建良好家校互动局面。一方面要尊重老师的人格与劳动，支持理解老师工作。另一方面有问题及时沟通会商。开学之后，各班主任会组织各班成立家委会，家长们有任何意见或者建议或者批评，都可以通过家委会和学校进行沟通，或者直接找班主任、科任老师、行政或者是校长来交流。我校历来十分重视家校联合和沟通，上学期通过选举产生了新一届的校级家长委员会。在今后工作中，学校将更加努力搭建起家校之间沟通的桥梁，为孩子们创造一个更加美好的学习和成长环境。希望各位家长朋友给我们教师团队最大的信任和支持，家长们的信赖与配合，是学校发展的动力和支撑。

　　我们的学校有一个动听的名字：香蜜湖。"香"是芬芳四溢的气质，"蜜"是甜甜蜜蜜的内涵，"湖"是波光潋滟的格局。从今以后，荔园外国语小学（香蜜湖）就是孩子们快乐的家，也是在座诸位幸福的家。期待并祝福大家在这里：

　　拥有芬芳四溢，和孩子共成长，腹有诗书气自华。

　　体会甜甜蜜蜜，和老师共进步，最是书香能致远。

　　品鉴波光潋滟，和学校共发展，直挂云帆济沧海。

缔结姊妹校 共谱新华章

香港九龙湾圣若翰天主教小学一行8人，在高翠萍校长带领下，来到我校开展交流活动。早在2015年，荔园外国语教育集团就与圣若翰天主教小学结为姊妹校。本次活动期间，我校和该校再次缔结为姊妹学校，携手开启"双向交流、相互推进、共同提高"新旅程。

在交流活动中，我校为香港同行主要安排了以下内容：来自X1804班的王绎涵小主持人以校园环境为切入点，从校园活动、PBL项目式学习等角度介绍了她眼中的美丽校园和多彩生活；参访领导和老师一同欣赏语文素养月展演精品，和同学们一起感知经典、了解历史、陶冶情操；教科室罗梅主任详细介绍了校本课程——数学思维，展示了我校通过课程实施创新思维模式，共同培养学生适应未来五大能力（思辨分析与批判、综合创意与表现、问题思考与解决、文化感知与理解、语言表达与交流）的具体做法；德育处张孟霞主任展示了主题活动、文明班级评选等丰富多彩的学生活动，介绍了具体做法和成效；学校还安排了两位青年教师展示课堂，一位是从教多年的骨干曾玉梅老师，她带来了语文整本书阅读课《我和小姐姐克拉拉》，另一位是刚步入教坛的新秀杨一林老师，他带来了一堂二年级的英语课。这些成果展示和课堂教学均得到圣若翰天主教小学团队参访领导和老师的一致好评、精心指导，特别是对我校把每一堂课当成艺术品、鼓励孩子在大课堂踊跃发言、落实阅读任务、表扬学生方式多种多样等具体做法给予高度肯定，现场响起阵阵热烈掌声。

在这里，要十分感谢高翠萍校长专门对英语课进行了点评，她说："杨老师，你的英文非常地道，语句流畅，表达自如，对英文教学充满热情与活力。学生沉浸在你创造的英语环境中，口语表达和听力方面一定会有巨大的进步。总而言之，杨老师，你的英语课非常棒！我非常享受你带来的英语课，十分期待下一次的交流活动！"

高校长的期待也是我们的期待。根据协议，未来时间里，我校和香港九龙湾圣若翰天主教小学将集聚合力开展更加深入的合作交流，具体聚焦三个方面着力。

一是学校层面促发展。紧紧围绕新办学理念、行政经验及教学管理模式，鼓励两校教师通过共同备课、相互观课评课、教材研究及课程研讨等教学经验分享活动，促进老师专业发展及能力提升。

二是学生层面拓视野。谋划两校学生利用假期进行异地互访、随堂上课，或通过文艺交流会、体育比赛、辩论会、研讨会等活动，拓宽视野，增进知识，建立友谊。

三是家长层面强理念。组织两校家长互访、观摩及交流，加强家庭教育经验的融合借鉴和学习，促进现代家庭教育理念深入人心。

我相信，姊妹学校双方协同开展多渠道、多类别、多层次的教育教学合作交流，共同探索适合当前素质教育改革的模式与途径，必将激发学生树立理想、崇尚知识、敢于创新的热情，必将不断提升学校国际化办学水平。

他山之石，可以攻玉；交流借鉴，相倚为强。

祝福姊妹学校绽放绚丽华章。

花香常近慧风开

　　学校举行幼小衔接家长讲座，非常荣幸邀请到王秋英老师为一年级家长们进行"如何在家庭中培养孩子的学习力"的主题分享。王秋英老师是广东省心理健康教研基地主持人、广东省百千万名师工程导师、广东省中小学心理健康教育指导委员会专家委员、深圳市教育科学研究院高级研究员。王秋英老师的讲座深入浅出，娓娓道来，既有理论深度，又有案例解读，给人很大启发。

　　学习是孩子成长过程中必不可少的一部分。学习力包括学习动力、学习毅力和学习能力三要素，核心是自主学习能力，即孩子主动获取知识、自我管理和自我发展的能力，这种能力在个体发展中的重要性不言而喻，不仅有助于孩子们掌握和运用新的知识和技能，更能帮助他们适应不断变化的环境和应对各种困难，对于孩子的未来发展和成就具有至关重要的作用。王秋英老师的讲座对如何在家庭中培养孩子的学习力已经精心、系统指导了，我想结合小学教育实际，从家校联动的角度再重点分享几点感想。

　　注重激发学习兴趣。家庭教育是孩子成长的基石。家长在思想理念上要增强配合学校提升孩子学习力的意识，尤其是在幼小衔接时期，孩子们进入一个全新的环境和阶段，在学习上容易产生困惑、动力不足、成绩不好等问题，碰到这种问题，家长切忌急躁并

参加学习培训，当好"小学生"

责怪孩子，更不要轻言放弃，这时候家长要努力帮助孩子树立正确的学习观念，其中最重要一点就是要激发孩子的学习兴趣。孩子们天生对世界充满好奇，家长和教师都要珍视这种好奇心并通过观察孩子们在家庭和学校的表现，了解他们的兴趣和优势，进而引导他们获得更深入的知识和学习技能。在家庭，要多鼓励多夸奖，孩子们也需要感受到自己的努力和成就被认可，家长应及时鼓励孩子保持积极心态，相信自己能够取得好成绩，给孩子提供必要的支持和帮助，让他们感受到家庭的温暖和关爱。在学校，老师们要通过生动有趣的教学方式、贴近孩子生活的教学内容，以及组织各种有意义的活动来不断增强孩子求知欲。

培养良好学习习惯。学习习惯是提高自主学习力的必备前提，家长和学校老师要步调一致地强化学生定时复习、认真听讲、做好笔记、独立思考、按时完成作业、合理规划时间等。习惯不会一朝一夕就能养成，要有长期努力的准备，通过一两年的习惯强化，孩子学习就会变得很主动，思路变得很清晰，成绩自然会提高，进而良性循环，持续保持学习热情和动力，培养出终身学习的习惯，在未来的学习和生活中也将能够更好地应对各种挑战。

练就特色学习方法。每个孩子的学习能力和兴趣点都不尽相同，不可能有一套方法对所有孩子管用。家长和老师要准确把握每个孩子的需求和特点，因材施教，提供个性化的指导和支持，帮助孩子形成和掌握适合自己的学习方法，在自主学习的道路上不断进步。比如，有的孩子讲究学习氛围，就要创造安静、整洁、有序的学习空间，营造安全、舒适、便捷的学习氛围。有的孩子需要加强练习和实践，就要利用这种途径巩固知识和提高能力，家长和老师可以鼓励孩子参加各种竞赛和活动，提高自己的实践能力和竞争意识。有的孩子喜欢互相交流，家长就可以鼓励孩子大胆地多与同学积极分享学习经验和心得，老师则可以组织小组讨论或合作学习的活动，让孩子在合作中提高自己的能力和素养。

"唯愿人心齐一等，花香常近慧风开。"一个人一生中最重要的能力是学习能力。祝愿孩子们在当下、在未来，能够通过学习，拥有足够的知识、获得足够的经验、得到足够的历练。然后，对未来具备确定的预见、对现实具备清晰的认知、对困难具备解决的办法，让学习得心应手、让工作驾轻就熟、让生活风轻云淡。

跟岗研修赋能 "大先生" 培养

人间最美四月天，繁花似锦柳如烟。怀揣着对教育事业的无限热爱与追求，抽出时间参加了福田区教育局、教师发展中心组织的 "大先生" 培养计划 "赋能工程" 跟岗研修。所见所闻以及沉浸体验，令人记忆深刻，深受启发。

这次跟岗的四川成都高新区锦城小学，是一所承载着百年厚重历史底蕴的名校，其前瞻的教育理念和独特的教育模式，引人瞩目。

校园文化和党建工作深度融合。全面参观锦城小学校园，感到处处都透露出深厚的文化底蕴。李雪梅校长的专题讲座《百年·花开·未来》让我们对校园文化体系有了深刻的理解。特别是学校开发的青铜项目特色课程让人大开眼界，亲身体验课程制作，让人深刻感受到传统文化与现代教育的完美结合。校园文化不仅仅是外在的装饰，更是学校精神的体现，潜移默化地影响着每一个学生的成长。与此同时，锦城小学 "双培养双导师" 基层党组织建设的经验做法，更是让我感受到了党建工作在推动学校发展中的重要作用。

教学改革与教研创新齐头并进。通过观摩 "乐群学堂" 之美术学科汇报展示活动，感受到了艺术学科与素质教育双向发力的创意价值。通过参与语文、数学课程建设的研讨，以及特色课程 "全阅

🔴 跟岗研修人员和锦城小学李雪梅校长（右八）合影留念

🔴 四川成都高新区锦城小学

读"的体验，了解到了锦城小学在教学改革方面的更多创新实践。这些实践不仅提高了学生的学习兴趣，也让他们在实践中获得了更多的知识和技能。可以说，在教学改革方面，锦城小学走在了行业前列。

教师培养和德育工作相得益彰。锦城小学建立了李雪梅名校长工作室，分学科分批次并点对点地加强了对教师特别是年轻老师的成长培养。主题微班会课展示和治班策略展示，让人看到了锦城小学班主任培养和学校德育工作的实效性和针对性。"乐·城"学生德育常规管理及构建育人生态系统的做法，对更好地开展德育工作具有重要意义。锦城小学在后勤管理方面的做法也让人受益匪浅。后勤管理专题讲座《精细规范促科学管理，团队合作育优质服务》让人学习到学校该如何更高质量地服务好师生。

跟岗期间，还参与了跟岗校长们的专题沙龙活动。大家畅所欲言，分享交流，相互帮助，共同促进。这种开放、积极的讨论氛围不仅打开了思路，收获满满，还让人结下了深厚的友谊，令人时常记起。

三人行，必有我师。虽然我校在教育教学和管理方面，也取得过明显成效，但还有不少优秀同行的典型经验值得去努力学习和借鉴。这次跟岗研修学习，我将把所学到的知识和经验，以及由此引发的思考和办法，创造性地应用到今后的工作中去，为促进学校发展，为培养更多优秀学生贡献新力量。

春种一粒粟　秋收万颗子

　　学校老师在百忙之中挤出时间，组织了家长开放日和小初衔接体验课程两场活动。大家齐心协力、加班加点，圆满完成了任务。各位家长朋友们来到学校参与本次活动，共同关心孩子们的成长，令人欣慰。

　　他们的到来，带来了力量。学校的发展离不开家长们的支持和配合。我相信，通过这次"家校同行　携手共进"开放日活动，家长们能够更加全面、客观地了解学校的教育教学情况，进一步增进家校之间的沟通与理解。

　　他们的到来，带来了智慧。家长们为学校发展提出了宝贵的意见和建议，共同促进教育教学和学校管理工作更上一层楼，共同为孩子们的健康快乐成长一起鼓劲、加油！

　　他们的到来，带来了友谊。教学相长，家校共进。读书学习是个马拉松，长时间的陪伴与互动中，我们必将收获更加深厚的友谊，赋能孩子们在荔园外国语小学（香蜜湖）的每一天。

　　幼小衔接，承"下"启"上"，意义非凡。学校还组织六年级全体学生齐聚一堂，共同迎接一个特殊而重要的时刻——小初衔接体验课程的开启。非常感谢前来授课的深高南初中部两位优秀的老师：徐丹霞和于洋老师。

● 在学校时常碰到孩子们要求合影是作者很开心的事情

　　小初衔接是同学们成长过程中的一个重要阶段，是从小学阶段过渡到初中阶段的关键时期。在这个阶段，同学们需要适应新的学习环境、新的教学方式和新的学习任务。为了让大家充分了解这种变化和如何适应这种变化，学校特别设计了这次体验课程，旨在帮助同学们为顺利迈进初中奠定坚实的基础。

　　初中充满挑战，也值得期待。同学们非常珍惜这次体验课程的机会，认真听讲、深入思考，做到了学有所获、学为所用，祝福他们不断保持阳光心态，积极向上，快乐成长。

　　辛勤劳动是中国人优秀的民族秉性。"绿遍山原白满川，子规声里雨如烟。乡村四月闲人少，才了蚕桑又插田。"在劳动的田野上，勤劳的人们耕耘出美丽的希望，让我们的生活充满阳光和活力。

　　"五一"劳动节长假来临之际，祝福全校师生和朋友们节日快乐。"春种一粒粟，秋收万颗子。"期待金秋时节，我们硕果累累、喜笑颜开。

无限的**想象**　纯真的**向往**

　　学校邀请著名儿童文学作家陈诗哥来到学校，为三年级学生作《诗和童话：想象力的欢歌》的公益讲座，深受学生欢迎，启发很大，大家感到既开心快乐又收获了新知识。

　　作家陈诗哥毕业于华南师范大学中文系，是中国作家协会会员，曾获全国优秀儿童文学奖、冰心儿童文学奖、深圳十大童书奖

●　作者接受著名儿童文学作家陈诗哥赠书

等。作品《宇宙的另一边》入选人教版小学语文三年级下册，课文讲述了一个可爱、聪明的小男孩儿，对宇宙的神秘产生了浓厚的兴趣，通过丰富的想象，展现了一个神奇的想象世界和小男孩儿的天真童趣，表达了少年儿童们对神奇而美好事物的无限热爱与向往之情。

在讲座现场，诗哥从《宇宙的另一边》的创作经验出发，围绕"想象力是有逻辑的奇思妙想""宇宙中万事万物皆有联系""要勇于尝试和勇于体验生活""读好书做有趣的人"等方面，为学生们分享了自己的整个想象和创作过程，鼓励学生们在日常生活中善于发现联系、建立逻辑的同时，重视并敢于表达自己的体验和感受。

诗哥的童话里，充满了诗意的语言、奔腾的想象力、哲学的思考、耐人寻味的幽默，现实的复杂性和世外桃源般的美好，奇妙地融为一体。见到教材课文的作者来到学校面对面交流，学生们觉得很神奇、很兴奋，听讲环节鸦雀无声，互动环节气氛热烈，学生们对童话课文的无比喜爱溢于言表。

童话是儿童文学的重要题材，是一种具有浓厚幻想色彩的虚构故事，多采用夸张、拟人、象征等表现手法去编织奇异的情节和幻想。对小学生来说，童话入教材主要有三方面价值和意义。

在教学层面，童话的课文设计符合少儿的年龄特点和身心发展规律，内容生动，故事性强，丰富了课程内容，增强了课本可读性，可以较快吸引学生注意力集中到书本内容，快速融入课堂。

在学生层面，童话里往往蕴涵着丰富的社会知识和自然科学知识，在童话里，学生们能够认识物体的性质、特点和关系，获得自然知识，还可以通过对童话中人物关系的理解，逐渐了解、掌握社会生活中各种人物的行为准则，让学生思想道德受到童话洗礼，对社会、对人生产生初步感知，促进形成健全的人格。同时，童话提供了无限想象的情境和表达幻想的机会，启迪、丰富了学生想象力。

在教师层面，童话文体敦促老师静下心来仔细阅读文本，了解少儿内心世界，进而丰富教学方法，引导学生增长见识，开阔视野，不断提高阅读能力、写作能力、理解能力。

"诗与童话，就像天使的两只翅膀。"诗哥说，想象力就是创造力，每一位少儿都能通过想象去创设属于自己的宇宙。实践证明，小学生在阅读童话的过程中，往往会被那些活灵活现的人物形象所打动，被那些离奇曲折的故事所吸引，被那些天马行空的想象所引领，在如梦如幻的童话世界里，尽情发挥自己的想象。总体来看，这种"请名家讲名作"的做法，对提高学生的学习兴趣，激发学生的创新创意，有一种别样的成效，值得继续。

"大先生" 和好校长

    上周末前往香港中文大学（深圳），参加了福田区教师发展中心组织的"大先生"培养计划赋能工程校长领导力提升研修班学习。这是区政府为落实《福田区培养"大先生"引领人才梯队建设工作方案》要求，围绕高质量发展背景下学校管理者岗位胜任力模型，为卓越管理者赋能的具体举措。非常高兴和荣幸能有机会参与这次学习。

    本期培训中，专家们分别从不同视角和维度进行了授课。国家教育发展研究中心咨询委员会副主任周满生的"新时期加强学校内涵发展与学校文化建设"、香港中文大学（深圳）教授武执政的"人工智能赋能教育"、北京市润丰学校校长张义宝的"拔尖创新：学校高质量发展的价值追求与实践建构"、四川省基础教育研究中心副主任徐猛的"当前课程教学改革的整体把握与学校实践路向"、香港中文大学（深圳）基础教育集团总校长裘建浩的"今天，怎样做个'好校长'"，这些授课内容既有前沿理论成果、又有落地实操经验，非常丰富扎实，给我很深启迪。一方面觉得恐慌，书到用时方恨少，不加强对教育领域新理念、新模式的学习就有落伍的可能，要有紧迫感；另一方面也坚定了职业信心，无论请进来还是走出去，每一次培训就是一次充电加油，教育路上的续航能力会更有

○● 作者在海外培训时和外国小学生同乐

保障。通过这一次学习，对"胜任力"的理解更加深入和全面了，向专家学、向同行学、向实践学的方向路径愈发明晰了。

"胜任力模型"是担任某个特定的任务角色所必须具备的胜任力总和。对于小学校长来说，如何才能成为"大先生"、胜任好校长，要做的事情很多。结合学习体会，个人觉得现阶段有三个方面需要进一步予以强化。

要致敬"大先生"。"先生"是对德高望重者和学识渊博者的尊称，"先生"冠之以"大"，则突出了为人师者所必需的专业能力、精神境界和品格风范。不论老师和校长都要具备丰富的通用知识、精深的专业知识，瞄准学术发展和社会发展的前沿，持续更新知识储备；都要拥有"心里装着国家和民族"的境界，对"培养什么人、怎样培养人、为谁培养人"了然于胸；都要秉持过硬的道德操守，在师生心目中持续彰显令人敬佩的人格魅力。

要紧跟智能时代。人工智能给教育事业已带来巨大影响。比如，人工智能可以精准了解每一个学生的学习风格、能力和兴趣，提供分析评估报告和针对性建议，及时调整学习策略、课程内容和教法，更好满足学生学习需要，提高学习效果；人工智能可以为老师提供自动阅卷和分析生成系统等智能辅助工具，大大减轻工作负担；人工智能聊天机器人可以作为教学助手，与学生进行交流，回答提问，增强互动；等等。人工智能，前所未有。不论老师和校长都要紧紧拥抱这个时代、融入这个时代。

要做师生榜样。教育家陶行知说过，校长是一个学校的灵魂。校长的教育理念决定着学校的发展方向，校长的素质高低决定着学校办学的成功与否。通过培训学习，进一步感受到校长应该是学校管理的组织者、引领者，也应该是师生的榜样、学校的核心。因此，要积极学习先进教育思想、管理理念，努力建立制度管理与人文管理相统一的人性化管理机制，善于凝聚师生智慧，团结激励师生活力，形成齐心协力办教育、兴学校的良好局面。

"三尺讲台系国运，一生秉烛铸民魂。""大先生"之大、好校长之好，关键在于学问之深、品德之高。一个人遇到好老师是人生的幸运，一个学校拥有好老师是学校的光荣，一个民族源源不断涌现出一批又一批好老师则是民族的希望。让我们从现在出发，每一个老师都努力成为好老师、"大先生"。只有这样，我们的每一位学生才会远方有灯、脚下有路、眼前有光。

校园文化

XIAO YUAN WEN HUA

让我们**悦读悦享**吧

我想说说我校的读书分享会。

我为本次学校读书会设计了一个理念：悦读悦享。就是倡导快乐愉悦地阅读和分享，引导学生老师家长"越读越想"，自觉养成阅读习惯。从阅读到悦读，从分享到悦享，不仅是一字之差，也饱含着我们对书籍的尊重，对知识的渴望，对智慧的热爱。

● 参加读书会分享活动

学校读书会成功举办，得益于教科室和各学科组织有方、分享颇丰。庄晓玲老师分享的是重读《让学生看见你的爱》这本书后更加深刻的体会。跋涉不息，静待花开；师爱如光，虽微致远：让学生看见你的爱。书作者沈丽新老师倡导教师要真心地关爱学生，努力把爱的种子种进学生心里。

林晓敏老师分享的是阅读《PBL项目化学习设计：学习素养视角下的国际与本土实践》，学习素养视角下的数学项目化作业设计，给出了符合当前国情教情的项目化学习的基本理念、设计方法、辅助工具及典型案例。

杨雅祺老师分享了从《作业设计：基于学生心理机制的学习反馈》一书获得的灵感和启发，着重介绍了分层设计作业，激发孩子学习内动力。

孙浩老师分享了中央音乐学院周海宏教授的《音乐与其表现的世界》，让我们知道了作者如何结合音乐美学和心理学的跨学科方式，多个角度阐述音乐"联觉"效应。让音乐感动你的生活。

我们从事的是小学教育，老师们的精彩分享让我们每个人获益匪浅，甚至大开眼界。小学阶段是人生发展的重要阶段，不仅要让学生学到知识、发展智力，还要通过学习教育和训练，让孩子们养成良好的学习习惯、良好的行为习惯。小学基础好坏，会直接影响到学生以后的学习和成长，甚至会影响到他的一生。

读书和阅读是训练养成好习惯的重要举措之一。实践已经证明，坚持阅读的人更容易做决定、定计划而且做事有主次、有条理。阅读有益身心健康和社交，并有助于更多地尊重和包容他人的看法，阅读还可以降低压力。所以——

让我们阅读吧！这次阅读分享会上，老师们分享的都是专家们

作者和学生一起开展课外阅读

理论思想与实践思考的智慧结晶。优秀的书籍不仅仅饱含生活和工作的真谛，更是迎接未来挑战的力量源泉。

让我们悦读吧！全世界人均拥有图书最多的国家是以色列，他们人均每年读书64本，哺育了马克思、爱因斯坦、弗洛伊德、门德尔松等杰出科学家和思想家；他们的父母亲会在书页上沾上蜂蜜，让孩子第一次读书就觉得书是甜的。

让我们悦享吧！通过分享，我们可以看见文明的阶梯，听到文化的闹钟，品鉴城市的雅集，享受阅读的节日。通过分享，我们可以真切感受到，年轻时尚的文化活力，正萦绕校园里、荡漾在香蜜湖。

立身以立学为先，立学以读书为本。

悦读悦享，越读越想。

科学征服世界　艺术美化世界

　　每年12月是荔园外国语教育集团的综合创意月。学校在综合创意月里举办涵盖音乐、美术、科学信息、体育等各学科的才艺创意展示活动，多姿多彩，如火如荼。徜徉其中，美意连连。

　　对大众而言，一说起"艺术"，仿佛就只有美术音乐舞蹈器乐才是艺术。其实中国古人在《说文解字》里面就已经对"艺"做了解释，"艺"包括通俗的才能、技能、技术，如工艺、技术、文艺，美术、舞蹈、电影、诗歌和文学等艺术形式，包括富有创造性的方式、方法，还可以形容形状独特而美观的物品或现象，如"艺苑奇葩""艺高人胆大"的"艺"。慨叹古人智慧之余，个人认为艺术素养教育应是综合素质教育的核心组成部分。

　　心理和生理学家认为，人有理性和感性两大能力，理性代表科学，感性代表艺术。小学阶段是启蒙学生心智、养成良好审美观念的重要时期，通过参与绘画、音乐等艺术活动可以有效改善学生生活习惯，通过感受艺术魅力可以激发学生学习动力，通过接受艺术启蒙可以促进学生养成良好的审美和世界观。实践证明，开展艺术素养教育活动，不仅仅是对孩子艺术能力进行简单培训和提高，更重要的是要潜移默化地影响孩子们的情感、气质，进而温润孩子们的心灵，激励孩子们的精神，塑造孩子们的格局。

荔园外国语小学（香蜜湖）以"奇思妙想创意分享"为主题的美术综合创意活动就很有特点。本次美术综合创意的内容是"生生不息"，鼓励学生从"新生""共生""重生"等方向进行思考，围绕情感、生态、科技等各个领域，对我们所珍爱的生命真谛展开探讨。活动中，学生以纸杯、纸盘、纸碗为媒材，剖析内涵，思考意义，探寻可能，观察生活的思考能力、创意设计的应变能力、制作实践的动手能力得到切实培养，学生们的参与积极性得到空前激发。

同时，学校以"桌舞飞扬　奏响校园"为主题的音乐体育创意活动一样备受学生青睐。活动安排全员参与，各年级、班级利用音乐课、体育课排练室内操《快乐的歌》，引导学生充分体验蕴涵于音乐形式和肢体语言中的艺术之美、情感之美，进而净化心灵、陶冶情操、启迪智慧，帮助每一位学生养成健康高尚的审美情趣和积极乐观的生活态度。

科学征服世界，艺术美化世界。今后工作中我们有必要进一步兼顾学生艺术素养和知识水平的全面提升，借鉴先进方式，增强艺术修养，运用科学技术，营造良好氛围，加强实践指导，开发更多更优的综合创意活动内容，为孩子们成长成才创造更好条件，打下更坚基础。

学习型实践活动放飞童心

　　学校组织全校学生前往欢乐谷开展春季社会实践活动。虽然组织工作很烦琐，方方面面都要考虑周全，但在德育处周密策划、全体行政和老师们共同努力下，圆满完成了各项计划。看到孩子们一个个开心快乐的模样，心里倍感欣慰。

○ 接待校园小记者

深圳欢乐谷是一座融参与性、观赏性、娱乐性、趣味性于一体的现代主题乐园。为了保证活动成功，学校从前、中、后三个环节对活动进行了全方位准备，同时还安排多名保安人员、医护人员进行全天巡场，确保安全有序。

本次活动我们将宗旨确定为学习性社会实践，通过精心策划，给学生安排了更多主题团队活动、大家收获都很大。总结起来，开展学习性社会实践活动有三点意义。

一是扩展了学习空间。来到实践场所，学习空间从校内来到校外，周边环境发生了根本变化，通过体验、思考、交流，孩子们对世界的好奇心得到激发，进而引发对未知知识的学习兴趣，非常有利于自觉养成探索求知的良好习惯，促进培养学生正确的价值观、必备品格和关键能力。

二是培育了创新精神。在小学阶段逐步培育并形成一定创新思维对学生成长大有裨益。因为校外实践活动可以密切学生与自然环境、社会环境的联系，接受善于思辨、敢于质疑、勇于争论的锻炼，不断提升创新精神和行动能力。

三是营造了展示平台。校外社会实践不是单一的活动，是教材文本、校园课堂的有益补充。学生通过参与丰富多彩的实践活动，在自主、合作、探究的过程中充分展示聪明才智，化解困难矛盾，学习处理人际关系。可以说，校外实践活动既适应了学生个性发展的需要，又顺应了社会发展的需求。

本次活动结束后，很多家长都予以点赞。一位家长留言说："这样的活动非常富有生气，能够激发孩子们的天性，让孩子们在朝气蓬勃、天真烂漫的氛围中，放飞童心，学习知识，培育了很好的综合能力。"

⬤ 福田区荔园外国语小学（香蜜湖）校园环境充满童趣

　　金杯银杯不如好口碑。孩子们的满意、家长们的肯定，也是对我们工作的最大褒奖。

　　今后，我们还要加强研究，安排更加合理、有效的社会实践活动，进一步点燃学生们的求知欲望和创新火花，为丰富教育教学带来更多盎然生机、澎湃活力。

孩子们的样子是中国未来的样子

　　每到开学前，我都要思考同一个问题，用什么样的迎新形式来给孩子们不一样的惊喜？这个学期，我们选择了优秀非遗文化"醒狮"和开办校园文明礼仪规范训导课程。

　　周一早上，红黄两只勇狮早早就在门口等候，孩子们开开心心走进校园，礼仪队的孩子们纷纷亮出写满"兔个幸福、兔个快乐、兔个平安、兔个健康"等字样的靓丽纸牌。勇狮来到各班级教室，孩子们时而争先恐后地摸一摸狮子身上的绒毛，时而表情夸张地和勇狮做个鬼脸，时而有大胆的男生拉住狮子尾巴一起腾挪闪转，好一幅和谐快乐的迎新画卷。

　　有不少孩子是第一次近距离接触舞狮。醒狮文化在广东已有一千多年的历史，它不仅寓意着如意吉祥，还是雄健、勇敢和力量的象征，是坚韧不屈、雄健勇毅的民族魂。早在2006年5月，经国务院批准，醒狮就列入了第1批国家级非物质文化遗产名录。

　　孩子们喜欢醒狮，是对国家级非物质文化遗产的喜爱。非物质文化遗产是优秀传统文化的重要组成部分，蕴含着中华民族的价值观、思维方式、想象力和文化意识，体现着中华民族的生命力和创造力。由此我想到，在校园文化建设和德育工作中，我们还要进一步加强对优秀传统文化的创造性利用和创新性吸纳，比如，推进非

◯◯ 广东民俗——醒狮走进校园

遗课程进校园。其意义和价值至少有三点。一是提升学生人文情怀。学生通过课程学习，不仅能够体会到非遗项目绝佳的技艺，更可以丰富内心的文化底蕴。二是丰富学校德育内容。非遗文化是祖先留给人类的共同财富，是实现文化育人的重要方式之一。三是增强学生文化自信。学生的文化自信需要从小培养，非遗进校园，能让学生近距离接触民族文化，亲身体会中华文化的博大精深。

　　本次开学第一周，我校还举行了"我们的样子，就是中国未来的样子——学习二十大，挺膺担当向未来"主题队日，开办了五、

○ 学校开办校园文明礼仪规范训导课程

六年级校园文明礼仪规范训导课程。360名高年级同学在导师指导下，圆满完成了各项学习任务。当军体拳、旗语舞、神龙掌等全方位精彩展示出来时，现场爆发出热烈的掌声和喝彩声。我为孩子们翻天覆地的变化以及严格自律的执行力、意想不到的创造力感到骄傲。

少年强，则国强。本次校园文明礼仪规范训导课程的成功开办，非常有助于我校学生培养坚忍不拔的意志，树立勇敢顽强的作风，传承团结互助的精神。我相信，在以后的学习生活中，他们一定会更加健康、快乐地苗壮成长，早日成为国家的栋梁。

隆重的仪式，殷殷的期待。期待孩子们拥有勇狮般的坚强和勇毅，期待孩子们在新的时光里，焕发多彩的荣光。

校园文化润泽无声

前不久区教育局主要领导来我校调研，对我校校园文化建设的指导，非常中肯，受益匪浅。

要重视建设校园文化的作用。校园文化作为一种氛围、一种精神，早已成为学校凝聚人心、展示形象、提高文明程度的重要载体。古人云，"近朱者赤，近墨者黑"。学校的校容校貌是校园文化物质层面的重要组成部分，表现出一个学校整体精神的价值取向，是具有很强引导功能、不可替代的教育资源和环境教育力量。实践已证明，校园文化对学生的人格塑造、心理心态、人生理想等方面有着重要影响，而且这种影响往往是任何课程所无法比拟的。因此，要将校园文化建设纳入学校教育教学和管理工作的整体计划中，同部署同推进。

要凝聚建设校园文化的共识。优秀校园文化会给学生带来潜移默化、长远积极的正向影响。我们要从思想上对校园文化建设的意义和作用加以重视理解。学校组织相关人员到周边校园文化建设成效明显的学校进行了参访。所闻所见，震撼很大，启迪颇深。大家深切感受到了校园文化的魅力。因此，非常有必要通过学习讨论、现场观摩等方式，将加强校园文化建设凝聚成为大家的共识，从而同心同向、集聚合力把校园文化建设好。

○ 作者坚持每年为每一位小一新生制作迎新卡

要提升校园文化建设的品质。要观照办学理念，追寻学校历史，融入时代元素，结合本校人文，让墙上图文做到引人入胜，让空间装置散发艺术气息，让一草一木呈现精致精美的状态，让各类活动场场动人心魄，让师生面貌时时精神饱满。要借智借力，论证并提出校园文化建设主题和方向，邀请专家提供帮助，对校园文化把脉，鼓励学校师生积极建言献策并参与各板块内容形式的创作设计，同时要争取相关支持，为校园文化建设提供坚强保障。

校园的灵魂是文化。期待不久的将来，荔园外国语小学（香蜜湖）的校园文化能够融入校园的每一个角落，渗透进师生学习生活的方方面面，进而催生出一种特色鲜明的精神气度和人格魅力，赋能每个学生成长成才。

好事多磨，只争朝夕。

心系教育，星辰大海。

经常去运动　健康又从容

2023年福田区小学生篮球赛正式开赛了。我校按照要求组织男女两支球队参赛。

为了保证参赛顺畅、有序、圆满，学校行政、后勤、体育组通力合作，认真组织、积极准备。为了选好队员，专门拟定了标准：要有良好的思想品格，积极上进，吃苦耐劳，听从指挥，意志顽强；要有合适的身体条件，对身高体重、灵巧性、速度、弹跳、力量等进行测试和测验；要有较好的技术基础，在传接球、运球、投

男篮校队赢了

篮和个人防守方面具备基本技能。随后，体育组做好训练计划，取得家长支持，确立考勤制度。经过两个多月训练，校队水平明显提高。在比赛前，学校还组织了两次到集团兄弟学校的友谊赛。孩子们信心十足。

比赛有输有赢，都很正常。对孩子们而言参赛过程比结果更重要。因为经过比赛，不仅提高了他们的身体素质，培养了团队精神和奋斗作风，更是磨炼了他们的心理意志，增强了战胜困难的信心和勇气。胜利时的欢呼值得庆贺，失败时的哭泣同样值得尊敬。

看着孩子们在球场上奔跑跳跃、拼抢防守，挥洒汗水，为他们感到高兴。真心希望孩子们从小就爱上一种运动并永不放弃，相信这一选择一定会受益终身。

专家研究表明，体育运动对少儿成长非常有益。有助于个子长高、提高肌肉力量、促进发育、减少肥胖，特别是有助于塑造性格。体育锻炼也是意志和性格的锻炼，能让孩子自觉克服某些不良行为，性格更加开朗、活泼和乐观，与人相处主动平和。

那么，小学阶段该如何进行体育锻炼呢？个人认为至少有四点要做好。要制订一个锻炼计划，明确锻炼目标和内容，规定每天锻炼的次数和具体时间；要培养一种兴趣，开展多种多样、丰富有趣的体育活动，让孩子挑选自己最乐意的形式；要准备一份耐心，消除孩子对体育锻炼的抵触情绪，这方面，家长的耐心必不可少；要创造一定条件，思想理念上主动支持孩子进行体育锻炼，积极做好场地器材保障。

发展体育运动，增强人民体质。"我运动，我快乐，我健康"是本次篮球赛的主题也是我们的共同心愿。祝福全校师生和家长们：保持运动不放松，幸福美满多从容。

师生同乐　筑梦未来

　　昨天是"六一"国际儿童节。因为这个节日的到来，这一周过得特别充实，事情很多，忙忙碌碌，累并快乐着。

　　在小学，学校广泛调动学生积极性，组织安排了"童心向党 筑梦未来"系列主题活动。文艺汇演充分展示了同学们的才艺，管乐团的展演、英语剧《花木兰》、美文诵读、现代舞、击剑、合唱等节目韵味无穷。大队委就职仪式、校外辅导员聘任仪式、一年级入队仪式、英语特殊跳蚤市场等活动让同学们兴高采烈，校园里到处欢声笑语。

　　在附属幼儿园，老师们集思广益，精心筹划了一个自主、开心的节日，让孩子们在夏日中体验创意和成就感，在草地音乐会中感受世界给予的关爱，在戏水童年中放飞自由的天性。"六一"活动圆满结束，是全体教职员工和同学们不懈努力和协同配合的结果。老师们都很辛苦。但孩子们载歌载舞的快乐模样，给予了我们莫大的鼓舞，只觉得大家这段时间的所有付出，全都化作了眼前岁月静好、和风惠畅的美好图景，再累也值。

　　一位老师在微信里写道：夏日的风吹过额角，自由的蝉肆意歌唱，空气中弥漫着爆米花香，冰激凌融化了舌尖的甜蜜，歌声缠绕着笑声，快乐的儿童节来啦！我仿佛也被她的情绪感染了。尽管前

○ 作者参加学校趣味运动会纪念

一天晚上加班到深夜，可是一早起来，美好的心情瞬间被这个短信激活。"六一"是孩子们，也是我们大家的节日。此时此刻，不论年纪大小，快乐为大。带着美好的心情，走进美好的节日，一张张洋溢幸福的笑脸，一个个天真活泼、朝气蓬勃的你，就是最美的风景。我们做老师的，只有牢记为党育人、为国育才的初心使命，以人民教育家为榜样，以德立身、以德立学、以德施教，扎扎实实履职尽责，才不会辜负这方风景。

今天的少年儿童是强国建设、民族复兴伟业的接班人和未来主力军。新时代中国儿童应该是有志向、有梦想，爱学习、爱劳动，懂感恩、懂友善，敢创新、敢奋斗，德智体美劳全面发展的好儿童。

绿茵茵的小草送来了芳香，乐呵呵的歌声送来了祝福。亲爱的小朋友们，祝福你们——如初升的太阳光芒万丈，似带露的鲜花绚丽多彩，心中有梦，眼里有光，童心不泯，勇敢前行。

文化是**民族精神**的火炬

昨天是端午节。

赛龙舟是端午节的主要习俗。相传,赛龙舟起源于古代楚国,渔夫竞相划船拯救投江的诗人屈原,从此这一习俗便代代相传至今。

今人过端午赛龙舟,就是对团结奋进、勇往直前的龙舟精神的大力弘扬。河岸彩旗飘扬,舟上锣鼓喧天,队员们拼尽全力、整齐划一划动木桨,向着目的地飞驰。赛龙舟需要团结、力量、气势,齐心协力是一支优秀龙舟队的基础,力量和气势可以通过训练得以提升,而团结则是心力的凝聚,需要具备风雨同舟、共渡难关的决心和意志。

回想在刚刚降下帷幕的2023年福田区中小学青年教师教学能力大赛中,我校被授予"优秀组织奖",11个参赛学科均获奖项,充分展示了我校的教学教研风采。这些成绩的取得,就是全校老师团结一心、奋力拼搏的结果。前不久接到上级通知我校四年级迎接省测,当时事情很多,这是一项系统性的艰巨任务,面临不少困难和问题。但是,人心齐,泰山移,我们紧密团结,同心同向,取得了满意成绩。

端午节的另一个习俗是吃粽子,也是为了纪念历史上伟大的民族诗人屈原。作为全世界华人的节日,纪念屈原等一系列活动,可以培养人们对中国文化的价值认同，增强人们的敬祖意识、家庭观念、爱国精神，进而形成中华民族的向心力。"路漫漫其修远兮，吾将上下而求索""与天地兮同寿，与日月兮齐光"，每当诗人屈原这些闪烁着思想光辉的名句，被同学们、被我们一次次吟诵的时候，中国优秀传统文化的力量，便开始在我们心底滋长、壮大。

中国文化源远流长、博大精深。作为教育工作者，我们要善于创造性转化、创新性发展，搭建更多载体，推进优秀传统文化赋能学校教育教学工作，助力学生成长成才。

文化是民族精神的火炬。文化兴则国运兴，文化强则民族强。让我们在中国优秀传统文化中吸纳更多滋养，去共同创造更加美好的明天吧！

从《满江红》到《长安三万里》

初秋时节，微风习习、果实累累。香蜜湖畔，鸟儿声声、波光粼粼。在这美好时节，我们共同迎来了新学年的开学典礼。

我们热烈欢迎小一的新同学们，他们是学校的新生力量，是未来的希望。我们热烈欢迎其他年级的同学们，他们是学校的主人，学校因为他们生机勃发。我们热烈欢迎全体教职员工，他们全员返校，将共同开启新的美好时光，让人满怀期待。

暑假，我看了三部电影。有三点心得和感想，借助开学典礼之机与大家分享、共勉。

第一部电影《满江红》。该片是一部经典的古装电影，也是一部有着深度历史文化启示的影片，深受观众朋友喜爱。这部电影最打动人的，是最后翻开的底牌。底牌是片名《满江红》的由来，一个虚构故事背后的热血沸腾和忠勇义气。《满江红》词作者岳飞，是我国著名民族英雄，词的内容大家都熟悉："怒发冲冠，凭栏处、潇潇雨歇。抬望眼，仰天长啸，壮怀激烈。三十功名尘与土，八千里路云和月。莫等闲，白了少年头，空悲切！"整部电影岳飞没有出现，但导演用一个小人物的动人故事，一个极具特色的磅礴仪式，将一整首《满江红》酣畅淋漓地表现出来了。

我的心得和感想是，学生们心里要从小种下爱国的种子，为人师表的老师们不能忘记家国情怀。国家国家，没有国就没有家。在中国历史上，历朝历代都有许多仁人志士满怀强烈的忧国忧民思想，前仆后继，临难不屈，保卫祖国，关怀民生。正是这种可歌可泣的精神，才使中华民族历经苦难而创造辉煌。爱祖国不是一句空话，我们要把对祖国的忠诚和热爱化作日常学习工作生活之中的点点滴滴。希望同学们从身边的小事做起，爱同学、爱父母、爱家乡、爱祖国，遵规守纪，热爱学习，为中华之崛起而读书，将自己的每一件事情做好做扎实。付出涓涓小爱，汇聚磅礴大爱。也期待和老师们一起，不忘初心，铭记师德，恪尽职守，不辱使命。

第二部电影《八角笼中》。该片是一部从底层视角出发、为底层发声的现实题材电影。讲述了前格斗冠军向腾辉通过格斗帮助穷苦少年苏木他们走上"改天换命"之路的故事。八个生如野草、不屈不挠的大山孤儿，在八角笼的内外上演了一曲生命之歌。一望无际的大山、走到尽头都是荒凉的土路、破败不堪的村子、瘫痪在床的苏木姐姐……影片开始的每一幕似乎都在呈现着苦难，也展现着人在苦难面前的选择。面对生活的拷打和磨难，是该认命还是选择抗争？

我的心得和感想是，每个人都会在学习工作生活中遇到各种困难，但面对困境一定不能放弃坚持和坚守。面对命运的"造化弄人"，是"一落千丈"还是"一鸣惊人"，全由自己决定。面对人生路上的困难和问题，我们每一个人都要永远保持生活的激情和活力，努力成长为拥有丰盈内心和强大能量的自己。请相信，不屈不挠的我们终究会活出自己的精彩。

第三部电影《长安三万里》。影片以高适弃守云山城为开端，通过老年高适对李白的回忆，将壮美的大唐盛景和高适、李白、杜甫等诗人们的深厚情谊，缓缓展现在观众面前，最后画面一转，演出高适利用计谋巧妙夺回云山城。整个故事体现出诗人们的豪情壮志以及唐诗流转千年的经典魅力。通过对高适一生经历的描述，我更加了解了高适是个什么样的人。原先只是停留在他是边塞诗人的层面，现在我终于明白他胸怀国家、抱负远大，一生都在追求报效国家，最终实现自己的理想。高适的诗歌大家都读过，比如，《别董大》："千里黄云白日曛，北风吹雁雪纷纷。莫愁前路无知己，天下谁人不识君。"后两句已是家喻户晓的千古名句。在他的身上除了有一种为梦想执着的精神，还有对待朋友的那种豁达，面对人生低谷时的不抱怨、不放弃，都给人很多启发。

我的心得和感想是，每个人的高光时刻不一样，只要持续地心怀梦想，不停地为之努力，终有一天会开出绚烂的花朵。"长安"是意象，"长安"是理想，"三万里"是诗人们也是现实中我们离理想的距离。电影中每个人都有华彩的篇章，也有各自的挫败。人生是一场马拉松，只要前面的跑程不掉队，人生大都会迎来好的结果。学生们作为新时代的少年，老师们作为传道授业解惑的师傅，都应该始终保持对未来的信心和希望，坚持拥有追求梦想、面对挑战的勇气和决心。只有坚定信念和目标，不被外界的诱惑和压力所动摇，才能在追梦的路上走得更远。

"白日依山尽，黄河入海流。欲穷千里目，更上一层楼。"衷心祝福孩子们、家长们、老师们：新学期更上一层楼。

美好气质绽放**师范魅力**

为什么要学气质形象礼仪？哪些常见不良习惯影响形象气质？老师应该具备怎样的气质、怎样才能具备这种气质？学校工会邀请亚洲小姐全球赛训导师、深圳市工程师联合会文化体育艺术创新专业委员会执行主任梁宁老师，来为学校老师进行了气质形象礼仪专题讲座，大家收获很大。

什么是气质？气质泛指人的风格、风度、风骨，是每个人的姿态、样貌、性格、行为、学识等因素综合起来给人留下的总体感觉，是一种相对稳定的个性特点。不同职业人士具有不同气质，作为一名小学老师应该具有以下基本气质特征。

要彰显大气。老师传道授业解惑，不只是"教书匠"，更是学生学会做人的引领者；不只是知识传授者，更是学习的组织者、促进者。要充满职业自信。老师职业无上光荣，要让自己的灵魂大气起来，对待名利不为蝇头小利、蜗角虚名困惑，对待委屈做到遇事不乱、宠辱不惊，对待工作始终锐意进取、满怀激情，对待同事像是春天般温暖，特别是对待学生就像对待自己的孩子一样，时刻满怀爱心、负责尽责。为师者关乎国家大义、民族未来和学生明天，只有大气方可担起这份大任。

要涵养正气。正气是灵魂的底色、立世的脊梁，有正气的老师让学生肃然起敬。为师者当在学生面前坦荡正直、正气浩然。要不忘从教初心。坚定教育信仰，俯首甘为孺子牛，三尺讲台写春秋，特别是在是非面前、原则面前，敢于讲真话，敢于坚持真理。要树立正确团队意识。在处理师生问题上强调平等、尊重和赞赏，在对待自我上自觉每日"三省吾身"，在对待同行上坚持相互尊重、取长补短、合作共赢。

要满腹才气。"腹有诗书气自华"，作为老师要多读书、读好书，不断通过读书来更新、丰富自己的知识水平，提升自己的综合素养和本领才能。读书使人进步，读书教人安静，读书让人通透。在阅读中人生境界会逐渐提高，气质也会更加清新脱俗。作为新时代老师，还要积极拓宽视野，在掌握渊博专业知识的同时，系统掌握现代教育手段，跟上时代发展步伐，积极参与教育科研，持续推出科学高效的教学方法，用生动形象的教育方法吸引学生。

要保持和气。凡成事者离不开"天时地利人和"。和是人生的态度、修养，更是人生的大智慧。与其他职业比较，老师职业更具有其示范性、公众性和教育性，老师应该具备更高、更严格的职业道德修养。师德修养的核心在"仁爱"，老师每天要面对学生、家长、同事、领导、家人、社会等多个对象和层面的工作或生活关系，为师者要努力保持仁爱、平和的心态，诚心诚意去爱教育才会获得事业成功的乐趣，诚心诚意去爱学生才会独具慧眼发现学生潜能、引导学生进步。特别是面对困难和问题时，要多用仁爱、和气去催生智慧、拥有朋友、化解难题，只有这样，快乐和幸福才能常在。

要增强文气。礼仪是每个人思想水平、文化修养、交际能力的外在表现。小学生具有很强的模仿能力，老师的一言一行都会影响

和老师们一起过节

到学生。因此，作为老师应时刻注意自己在各种场合的言行，用礼仪文明之气向学生展现自己高尚优雅的风度和修养。比如，看待学生的目光要柔和亲切，给人以平和之感；讲课站姿要有利于用身体语言强化教学效果，站稳站直、不歪不斜；辅助手势要得体自然、恰如其分，不过度夸张，不敲击讲台；讲课声量要适当，不给学生以声嘶力竭之感；需要与学生谈话时，做到提前通知，让学生有思想准备，体现对学生的尊重等，这些文明之气看起来又小又细，但涓涓细流可以汇集成海，必将促进老师们树立更加美好的职业形象，绽放出更加光彩的师范魅力。

"古之学者必严其师，师严然后道尊，道尊然后笃敬。"让我们都拥有令人敬佩的美好气质吧！

润物**细**无声　文化**养**精神

　　参加"大先生"校长研讨班，来到了北京亚太实验学校学习交流。亚太实验学校是由北京师范大学主办、北京市西城区教育委员会管理的全学段、具有招收外籍学生资格的实验性、创新型学校。来到该校参观考察，交流分享，收获很多，特别是对该校丰富多彩的校园文化建设有了直接而深刻的实地了解，深受启发，很多先进

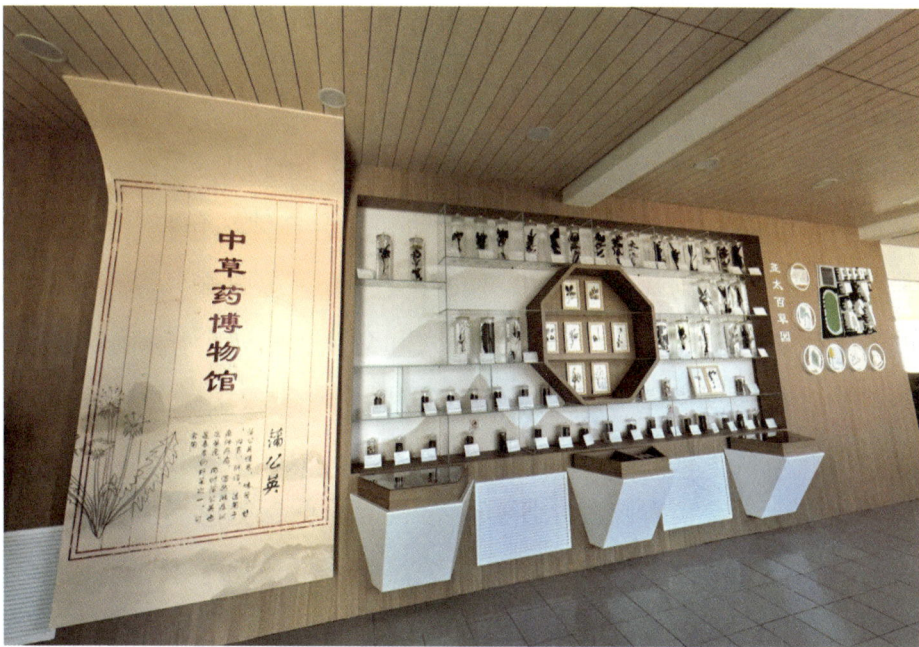

● 亚太实验学校的中草药博物馆

理念和做法值得借鉴。

校园文化的体系要健全。亚太实验学校以"教育浸润生命"为办学理念，从四个方面建设校园文化，在学生文化上践行自主管理、自觉行动、自我超越，在家长文化上践行理解、互助、开放、奉献，在教师文化上践行学为人师、行为世范，在管理文化上践行民主、和谐、愉悦、高效，并在此基础之上，凝练形成了自己的校训：明德、博学、尚美、拓新。时至今日，教育的基本目的是立德树人，优秀的校园文化够让学生在无形中形成正确的价值观、人生观和世界观。从办学理念到校园文化到八字校训，亚太实验学校校园文化体系覆盖了学校教育教学和管理方方面面，展现了很强的文化浸润效能。

校园文化的价值要深入人心。校园文化是学校精神的集中体现，可以起到润物细无声的育人效果，可以提高学生综合素质。在亚太实验学校，我看到了完备先进的音艺体劳等方面空间场所和设备设施，耳目一新的戏剧表演、学术竞赛、木工制作等活动，以及走廊、楼梯口等处处可见的书柜。他们的实践证明，校园文化建设可以为学生提供丰富多彩的文化活动和平台载体，包括体育锻炼、美术创作、科技竞赛、学术讲座、社会实践、志愿服务等，非常有助于学生更好了解社会，锻炼提高人际交往、团队合作和解决问题的能力。校园文化可以提升学校品牌形象。亚太实验学建校30年来，培养出众多优秀毕业生，已经成为北京市优质教育资源校，成为备受学生、家长青睐的一所知名学校。由此深刻感受到，拥有优秀校园文化的学校会得到更多社会关注和认可，让学生和家长感到满意和自豪，吸引更多优秀教师和学生前来加入，进一步增强学校实力。

校园文化的建设要协同推进。校园文化建设需要在教师队伍、课程开发、活动社团上全面聚力下功夫。一是夯实具备良好专业素养的教师队伍。师高才会弟子强。亚太实验学校依托北京师范大学雄厚的人才资源优势和教育实力，通过精心挑选、重点培养、考核聘任、选拔深造等方式，定期邀请专家到校进行专题讲座，把最前沿的教育教学理论信息、最具实效的教育教法呈现给教师等办法，打造了一支结构合理、素质精良、富有爱心、高度负责，能够全身心投入的研究型师资队伍。二是创新开设直达心灵的生命课程。亚太实验学校以"生命与创新"为核心文化，构建学校"生命浸润"课程体系。通过自主管理、自觉行动、自我超越三个层面落实培养学生的良好习惯，把养成教育真正落到实处。三是组建特色鲜明的文体社团。亚太实验学校开设6大门类120多门活动课程及包括艺术、体育、科技等在内的数十个社团，将课程的触角深入到学生需要的每一个角落，为学生建立良好的知识结构和技能体系奠定了基础。

优秀校园文化包括校园环境布置和氛围、学校教育理念、管理制度和师生行为等方面，不会一蹴而就，需要长期积淀。结合本次学习所思所获，下阶段我将带领学校师生着力做好以下三件事情。

强化生命教育。加强校训、校歌、校史教育，增强学生对学校的归属感。有效串联学生、学校、家庭、社会四要素，实现四方整体良性协作和联动。落实生命教育系列举措，强调生命美丽，提高生命意识，掌握生命技能。

优化衔接课程。依托合作高校及市区教科院资源，推进"学科教学+实践活动"贯通式融合课程落到实处，在幼小衔接中通过各类主题课程，让孩子适应小学学习生活，在小初衔接阶段开设学科

福田区荔园外国语小学（香蜜湖）校园生态园

衔接课程、心理心灵成长课程以及以毕业教育为主的校园实践、社会实践和境内外人文学访课程。

深化社团活动。鼓励、指导学生自主组建各类社团，在语文、英语素养月基础上，定期举办校园文化节，融入更多文化元素，激发学生参与热情。同时，加强监督与评估，确保社团活动效果和质量。

校园文化是学校发展的灵魂。草木需要阳光雨露才能茂盛，学校需要文化浸润才能久远。我相信，在一个充满活力的校园文化环境中，孩子们有机会参与各种有趣活动，锻炼综合能力，留下珍贵回忆，这些经历将帮助他们在未来更加自信、更加从容。

弘扬**体育精神** 增强**少年体魄**

在全校师生共同努力下，学校第十九届田径运动会顺利召开了。我们将"一起运动向未来"确定为本次运动会的主题，我们用认真的筹划、积极的参与、精心的组织、快乐的分享，来传承弘扬体育精神，丰富活跃校园文化生活，全面增强学生身体素质，不断提高学生运动技能和身心健康水平。

要成功举办一届校园运动会，不是一件容易事。一个月以前，我们就在谋划本届运动会了。今天看到学生们舒心快乐的笑脸，我感到我们的目的实现了。我们拥有一个共识：此次运动会是对全体学生心理素质、身体素质及竞技水平的一次检阅，是对全体师生组织纪律和精神风貌的一次检阅，是为学生展示自我提供一个大舞台。有了这种共识，就有了聚力前行的基础和动力。

本届运动会呈现三个特点。

一是方案完美，筹划完备。当1个主题方案、9个附件组成的运动会整体方案呈现在眼前，油然生出一种惊艳的感觉。精准的入场式候场站位图和比赛场地划分示意图，精确到人到点到时到人的责任分工，精心到班级组的比赛项目和比赛规则，让我原本有些放心不下的担忧都瞬间化作了烟云。做任何事都怕认真二字，认真去想认真去做了，总会有好结果的。

🔴 作者为学校运动会获奖学生颁奖

　　二是守正创新，亮点凸显。本届运动会的入场式不同往年。方案要求按照班级入场，展示聚焦"整本书阅读"，分为"中外童话、中外神话、中国名著、外国名著、人物传记、红色经典"等六大板块。每班所属板块由班主任抽签决定，最后每班一个，共形成了25个主题班级入场式，如，1804班的《西游记》、1903班的《李白》、2001班的《安徒生童话》、2103班的《少年中国说》、2204班的《封神演义》、2305班的《弟子规》。这种安排既弘扬了中国优秀传统文化，又为各个班级创新排练入场内容提供了想象和创意空间，充分调动了学生们的参与积极性。

三是组织细致，安全有序。从星期三下午彩排到星期五下午闭幕，学校成立了开闭幕、安全保障、仲裁、宣传、精神文明奖考核等五个专委会各司其职、组织落实，确保了运动会圆满顺利。

人的一生需要有良好的道德修养、基本的文化素质、健康的身体条件，这样才能算得上是一个全面健康的人。旧社会的中国，在鸦片的危害下，很多国民个人体质虚弱不堪，被侵略者称为"东亚病夫"。伟大领袖毛主席1917年在《新青年》杂志上发表文章写道："文明其精神，野蛮其体魄。"这句话成为许多青少年的座右铭，鼓励自己通过学习提高精神境界、文化知识与修养，通过体育锻炼来提高自身的身体素质，强大自己的体魄。

体育对个人来说，它可以"养生"；对国家来说，则可以"卫国"。体育精神是人类社会进步所需精神的集中体现：面对困难需要拼搏，面对挑战需要勇敢前行，面对压力需要相互帮助团结一心，摔倒了爬起来还要前行，因为我们心中有梦想有目标，胜利就在最后的坚持之中。

小小运动会，人生大舞台。人生不是一场物质的盛宴，而是一场精神的修炼。我们需要这种体育精神。一个人精神满满，身体就不再单纯是一种物质的存在，而是变成了一个充满灵性的精神体，自带光明，自带气场，改变着自己，影响着环境。当我们在赛场上奋力展现自己的风采时，也塑造着自己的品格。让每个人变得更优秀，小至我们的学校，大到我们的国家，也会变得更加优秀和强大。

培育**综合素养** 夯实未来之基

  学校综合创意月活动开始了。在综合学科组老师们的带领下，通过搭建综合创意月活动载体，学生们纷纷展示各种令人称道的才艺与特长。在音乐和美术方面，借助戏剧用情境陶冶情操，借助器乐用旋律奏响快乐，借助舞蹈用舞姿跳出自信，借助声乐用歌声唱出理想，借助绘画用色彩激发天赋，借助手工作品展示创新创意。在科学学科中，以学生好奇心为原点，通过探究式主题活动，不断发现生活中的奥秘，比如创意月活动中不少学生就借助学校提供的纸杯纸盘纸碗，充分呈现了自己的独特创意作品，让人眼前一亮、耳目一新。

  我相信，精心筹划、内容丰富的综合创意月活动，将为学生们带来一段别开生面、令人难忘的学习和成长之旅。据了解，本校很多学生毕业进入初中后，都还在回味学校综合创意月带给他们的惊喜。个人觉得，培育增强小学生综合素养，重点要在学生的体育素养、艺术素养、文化素养和科学素养上多下功夫。

  体育素养需要强爱好。体育素养是个体通过体育活动所获得的知识、技能、态度以及价值观等方面的综合能力，培养良好体育素养不仅有助于身体健康，还能促进学生全面发展。小学生如何培养良好体育素养，关键在于激发其参与体育锻炼的兴趣，有了兴趣爱好才会长期坚持。为此，学校要提供良好的体育设施和教学资源，组织丰富多彩的体育活动；优化体育课程，设置多元项目，帮助学生练习运动技能；开展个性化教学和引导，进一步调动积极性，提高参与度；强化体育常识学习，了解不同项目的体育规则、历史文化；等等。如果多年后的某一天，有学生告诉我"让我受用至今的体育爱好是在荔园外国语小学（香蜜湖）养成的"，那就是最让人开心的事了。

艺术素养需要强美育。小学阶段非常有利于培养形成丰富健康的审美情趣、良好的艺术修养和气质。比如音乐学科，要开足开齐音乐课程，组建百花齐放的具有普惠意义的声乐器乐社团，搭建"五独"（独唱、独奏、独舞、戏剧、戏曲）比赛、校园文化艺术节等展演舞台，促进美育"潮"起来，赋予学生们更多美的浸润、美的感染和美的熏陶，并通过日常排练演出养成阳光自信、坚韧不拔的品格，齐心协力、合作包容的美德，朝气蓬勃、天天向上的风貌，让每个学生都成为新时代美育的受益者。

文化素养需要强基础。一方面，按照新课标，各学科应知应会的基本知识点一个都不少。比如，提升语文素养的说写读基本功，可以多为学生搭建展示平台，加强语感训练，感受汉字魅力，让每个学生做到有条理有分寸、恰到好处的语言交流和文字表达；提升数学素养，可以多创设简单有趣的游戏，培养学生们观察、分析、比较、联想、创意等能力，实现"玩中学、学中玩"。另一方面，可以将包含在各学科中的"仁义礼智信"等优秀传统文化的人文价值观精准提炼出来，融会贯通在活动场景的结果评价和思想启迪环节。

科学素养需要强探究。科学素养是对科学的理解和运用能力。

⬤ 参加"中华文化行 深港品湘情"研学活动

基础教育阶段是"孵化"学生科学精神、创新素质的决定性阶段，其重点在于激发学生们的好奇心和探索精神。可以通过购买科学实验套装或参观科学博物馆，引导、鼓励小学生们进行简单的科学实验和观察，亲身体验科学乐趣；可以为学生们提供生动有趣的、介绍科学原理的科普书籍，鼓励在阅读中提出问题，并帮助他们寻找到答案；可以鼓励学生们参加科学俱乐部、夏令营或科学竞赛；也可以辅导高年级学生选择一个自己感兴趣的主题项目开展深入研究。

小学生的世界是多么的五彩缤纷、纯洁美好。我们用趣味横生的创意月活动，为他们传递梦想声音，助他们涵养优秀品格。透过本次活动仿佛看见，在他们的世界里，有更多的美好风采正在拔节生长。

学习的**主人**　成长的乐手　时间的朋友

"日出江花红胜火，春来江水绿如蓝。"度过一个喜庆祥和的寒假，踏着春天的脚步，我们又回到了美丽的校园。

在开学周，荔园外国语小学（香蜜湖）以别出心裁的开学仪式，开启了新学期的序幕。"元气满满迎春归，'龙'光焕发新学期。"由学生自发组织的舞龙舞狮锣鼓队和身着喜庆汉服的孩子们，用欢快的鼓声、激昂的龙狮舞，热烈欢迎师生们重返校园。孩子们在新整修的升旗台上，借助新安装的多媒体大屏幕，献上了精彩纷呈的文艺表演，既有体现传统文化的川剧变脸和舞龙舞狮锣鼓队带来的精湛技艺，也有现代流行舞蹈"科目三"展示的热辣滚烫。同时，本周还组织了校园文明礼仪规范养成教育训练暨国防教育、元宵节游园等活动。整个开学周活动既丰富多彩、热烈欢快，又富有教育意义、备受学生喜欢，为新学期注入了新活力，为师生们带来了难忘的开学回忆。

2024年是龙年。龙是中华民族的图腾，龙的三种主要精神分别是进取、自信、坚韧。我祝福、期望新学期里的每一位同学，都能秉承龙的精神，展翅高飞，迎接更加美好的未来。

保持进取，明确目标，做学习的主人。龙的形象中，大都保持着飞跃前进的姿态。事虽难，做则可成；路虽远，行则将至。学习

○ 校园文创市集

如逆水行舟，不进则退。只有勇于前进，才能走向成功。我们每一个人都有梦想，但梦想不在未来而在当下，就在努力学习的每一堂课里，在积极参加的每一项活动里。我由衷希望同学们在新学期里都能制定新的目标，努力养成良好的学习习惯和自主学习的能力，不驰空想追求进步，不骛虚声扎实进取，咬定目标不放松，精神振奋每一天。

保持自信，勤奋努力，做成长的乐手。龙是祥瑞，在龙身上有着中国人昂首向前的精气神，即使陷于困境，仍勇敢不息，所以中国人被称为"龙的传人"。天生我材必有用，自信人生二百年。在我们的学习和生活中，遇到各种困难和挑战的时候，需要我们努力保持自信不害怕，保持乐观不退缩。衷心希望同学们在勤奋扎实做好课堂学习的同时，自觉参与团队活动、积极参与每天一节体育课，不断提升合作、沟通和解决问题的能力，努力展示自己的才华

○ 孩子们都是"龙的传人"

和技能，充分体验团队合作的乐趣，持续健壮每个人的体魄。同学们健康快乐成长，就是学校最大的期盼。

保持坚韧，持之以恒，做时间的朋友。在中国人的认知里，乘龙者，上可九天揽月，下可五洋捉鳖。龙凤呈祥、画龙点睛、鱼跃龙门、望子成龙……一个个美好传说，将无尽美好的期待与寓意都赋予龙身上。但是，美好的期待不会自己到来，幸福的生活靠自己持续奋斗。衷心希望同学们成为时间的朋友，制定合理的学习计划，根据学科特点安排学习时间，为完成任务设定时间期限，督促自己不断提高学习效率。时间的流逝是无声的，珍惜时间不负韶华，才能拥有无悔人生。

年年岁岁愿相似，岁岁年年情更浓。期待携手全体教职员工和全校学生，共同开启新学期的美好时光！

走廊板报天地新

　　学校启动了年级最美板报评选。于是，我抽空将一年级到六年级的最新板报都认真浏览了一遍。板报设在教学楼每层走廊墙上，全面仔细观看和阅读后，只觉得这走廊板报就是校园里一处非常靓丽特别的风景线，值得细细品味。那里有学生们对学习、对生活、对世界的独特理解。

　　板报虽小，天地可新。一年级的板报主题是"活力校园"，以图画、涂鸦为表现形式，操场一角、教学楼外貌、跑步的学生等一一进入画面，虽然整体看起来很稚嫩、可爱，线条也多是抽象的，但在我看来，具备一种很是写意甚至夸张的效果，能够真切感受到学生们对学校满满的喜爱和自豪。二年级的板报主题是"快乐时刻"，有的画亲子郊游，有的画参观动物园，有的画同学们一起做游戏，有的画云朵河流，都注重图文并茂，人物的表情动作、画面的色彩浓淡，显得恰到好处，一股发自内心的快乐溢于纸面。三年级的主题是"保护环境"，也许是到了三年级，学生们对社会问题有了自己的许多判断，垃圾归位、爱护草皮、从我做起等观点在板报得到展示，画面与文字对主题的表达显得更加具体和直接。四年级的主题是"精彩运动会"，跑步、投篮、跳远、跳绳等场景活灵活现，丰富多彩的氛围、开心快乐的趣味，令人会心而笑。五、

二年级学生的新年贺卡及手抄报

六年级的主题是围绕数学素养月的"点燃思维的火花"，分别聚焦认识长方体和正方体、圆柱和圆锥。很明显到高年级后，走廊板报的内涵显得更加丰富，学生们着力表达对学科知识的理解和运用，有归纳总结、有图示表格、有例题解答，对长方体和正方体、圆柱和圆锥的面积、体积、容积的计算公式以及图形变化后的解题思路，都有了很好的掌握，而且还配有小狗、小猫、小草、小星星、小绿叶的插图。整体板报主题突出、清新自然，学生们在学科知识上的进步和成长扑面而来。

一板一主题，一板一创意。学生办板报大有裨益，主要体现在三个方面。一是培养动手动脑能力。办板报的过程涉及确立主题、搜集资料、整理文字、绘画写字、标题格式、确定构图、色彩搭配等，完成之后还要仔细阅读修改，这些程序充分调动了学生的综合能力，有助于促进学习和成长。二是培养创意创新能力。板报的表

第五辑 校园文化 | **217**

现形式多种多样，办报可以让学生们在掌握知识的同时拓展思维、展现个性，不断提高创新素养。三是提高艺术审美能力。学生们在办报过程中需要用心画插图、写艺术字、设计版式，可以很好地锻炼绘画能力和艺术审美能力。所以，走廊板报要继续倡导下去。

今后工作中，为让板报更加精彩，我校还要完善以下工作。一是建立板报队伍。可以设立班级板报编辑部，鼓励有兴趣的学生形成团队办报，设立主编、记者、编辑、美工等模拟岗位，编辑部成员可以在全班"招贤纳士"选出，也可以小组为单位轮流上岗，不断激发学生参与积极性。二是提高板报水准。让高年级学生掌握好板报的基本格式和要素，比如报头要清晰，有报名、主办者、期次、出版日期；报名要响亮，体现班级精神追求和价值观；栏目要丰富，鼓励学生根据班级现阶段的实际情况开设"班级讯息、学习一得、老师寄语"等栏目。三是丰富板报稿件。年级板报稿件要具有鲜明主题，可以组织学生积极投稿，将投稿量、用稿量作为优秀小组或班级评比的条件之一，及时表扬积极投稿学生，增强学生写作兴趣和水平。

文采飞扬写未来，青春活力展风采。走廊板报，是学生的才艺舞台，也是校园的文化载体。阅读品鉴之际，一篇篇短小精炼的文字、一幅幅别出心裁的画面、一个个独具新意的主题，正在徐徐展开，感染着我们每一个人。

研学旅行 学生们行走的课堂

为推动湘、深、港三地基础教育领域的交流与合作，深圳市福田区荔园外国语学校和香港姊妹校九龙湾圣若翰天主教小学师生一行50人，联合开展"中华文化行　深港品湘情"研学活动，前往湖南岳阳市岳阳楼小学、岳阳楼景区和湖南大学子弟小学进行文化交流。在岳阳，师生们观看了岳阳楼小学424班的课本剧，一起游岳阳楼，朗诵名篇《岳阳楼记》，感受大文豪范仲淹"先天下之忧而忧，后天下之乐而乐"的家国情怀。大家还互赠了礼品，学生们收到由美术教师制作的有岳阳特色的岳州扇，特别高兴，爱不释手。湖南大学子弟小学还邀请了益阳市赫山区少先队名师工作室、永州名师工作室师生一同参与文化交流、课程研讨、参观校园等活动。整个活动中，当地接待学校在沟通协调、场地布置、音响设备、摄影摄像、氛围营造等方面都做了精心准备，效率高、效果好，让人感到很温馨。

本次"中华文化行　深港品湘情"研学活动已经是第4届，深受学生欢迎。小学生参加研学旅行具有多种意义，主要包括三方面。一是以研促学，融合知行。研学旅行不是简单的游玩，是学生们"行走的课堂"，具有明确的教育目标、周密详尽的课程规划，强调理论与实践相结合，旨在将学习知识与实际体验相融合，教育性和启发性、体验性与学习性互相融合、贯穿其中，可以很好帮助学生"知行合一"，这也正是教育部推行研学旅行的核心意义。二是拓宽视野，了解世界。研学旅行带领学生们从书本中走出来，前往不同的环境，感受不同的文化，看到不同的风景，遇到不同的人，这些经历都能够促进学生们更好地认知、理解这个世界。在岳阳楼、岳麓书院、湖大红楼，耳闻目睹、亲身体验之下，以"舍我其谁的自信品质、救亡图存的爱国情怀、百折不挠的奋斗精神"为核心的湖湘文化精神，一定给学生们留下了深刻记忆。三是锻炼意志，增强独立。在研学过程中，学生们会面临不少问题和挑战，都需要依靠自己的智慧和决策能力，独立思考、自己动手，寻找解决方案。这有利于提高团队合作、人际沟通能力，培养提高自我管理能力和坚韧不拔品质，让他们成为更加自信和善于解决问题的好少年。

通过本次活动，大家深刻感受到，研学旅行不仅是一次有趣的学习经历，更是孩子们全面发展的重要途径，有助于他们在知识、技能、情感和态度上的全面提升。站在历史的长河中，感受到了先辈的智慧与勇气；置身于自然的怀抱里，体会到了生命的和谐与奇妙。这些研学旅行的感悟如繁星点点，照亮了学生们前行的道路，让他们更加珍惜当下、期待未来。今后工作中，我校将继续把研学旅行作为新时代立德树人、实践育人的重要举措，作为一门综合实践活动课程来推行，并进一步加强开发研学旅行校本课程，在过程实践性、教育全面性、学科融合性、实施公平性、活动安全性等方面下足功夫，创新出彩，让研学旅行这一"行走的课堂"带给学生们更多新的喜悦、知识和力量。

期待下一次研学旅行，我们一起同行。

人生就是一次长途旅行，时常需要停歇，或补充能量再出发，或就此打住看看周边的风景，或回望来路从哪里来还要到哪里去。

从1990年大学毕业从事教育行业至今，30多年过去了，不觉之间青春少年已然成为孩子们称呼里的"校长阿姨"，是该停下来想一想了。

于是，有了"琪蓉心语"这个微信公众号载体，在每个周末登场朋友圈和公众号，抒发我对教育教学和学校管理方方面面的点滴思考，并和不少同行以及朋友们在线上保持了一种亦师亦友的快乐的交流与互动。

这件事不知不觉竟然已经坚持了一年多时间，不知不觉竟然码了近10万字。这些文字记录着工作中的成就、得失和启迪，通过对当周学校发生的大事或者开展的重要工作的有感而发，留下了对工作的记录，也承载着对这份教育事业的真诚与热爱。

时间长了，"心语"就成为记忆，永远镌刻在了时光里。再去回望，还有一些闪亮的光芒，璀璨地朝我微笑着。

人们都说书籍是知识的宝库、文明的化身。为了更好地保存这些值得铭记也值得回忆的记忆，也为了更好地与朋友们分享曾经灵光一现的体会或是得失，在老师、朋友们的鼓励和帮助下，我决定将"琪蓉心语"结集出版。

于是有了这个小册子。

衷心感谢湖南大学出版社以及编辑们的专业指导和辛勤付出，是你们的负责和努力，才有了这么美丽的"心语"绽放。特别感谢王巍局长百忙中为书撰序，您的器重和厚爱，为这本小册子增添了一份厚重的价值。感谢曹晓明教授、韩杰梅专家、白晶教研员、张玉彬部长推荐，您的荐语，让本书"蓬荜生辉"。

还要感谢长期以来一起苦过、累过、笑过的学校教职员工们，是你们的奉献与劳动，成就了学校的发展，帮助了我进步，凝练了我工作的思考，催发了我写作的灵感和动力。

教育是一段生命的成长，教育是一场美丽的遇见。

感恩遇见你们。

谢谢阅读。

2024 年 6 月 1 日